湖北省公益学术著作出版专项资金资助项目
装配式建筑技术创新与发展研究前沿丛书

镶嵌复合墙板装配式钢结构建筑设计指南

袁　康　宋维举　李广洲　编著

武汉理工大学出版社
·武　汉·

图书在版编目(CIP)数据

镶嵌复合墙板装配式钢结构建筑设计指南/袁康,宋维举,李广洲编著.—武汉:武汉理工大学出版社,2020.10

ISBN 978-7-5629-6331-8

Ⅰ.①镶… Ⅱ.①袁… ②宋… ③李… Ⅲ.①复合墙板-装配式构件-钢结构-建筑设计-指南 Ⅳ.①TU227-62 ②TU391.04-62

中国版本图书馆 CIP 数据核字(2020)第 195134 号

项目负责人:王利永
责 任 编 辑:王 思
责 任 校 对:余士龙
版 面 设 计:正风图文
出 版 发 行:武汉理工大学出版社
地 址:武汉市洪山区珞狮路 122 号
邮 编:430070
网 址:http://www.wutp.com.cn
经 销:各地新华书店
印 刷:武汉中远印务有限公司
开 本:787×1092 1/16
印 张:6.75
字 数:156 千字
版 次:2020 年 10 月第 1 版
印 次:2020 年 10 月第 1 次印刷
定 价:50.00 元

前言
Foreword

近年来，我国有关装配式建筑方面的激励政策和标准规范逐步完善，在科研成果、示范工程等各方面取得了卓越成就。但是在装配式建筑的概念上，许多人仍然存在一定误区：一是将装配式建筑等同于装配式混凝土结构(PC)，不仅忽略了钢结构等装配式建筑，而且只关注主体结构的装配，未重视外围护系统、内装和设备管线系统的装配；二是对于装配式钢结构，仅考虑主体结构的装配，外围护和内装系统仍采用传统的施工方式，导致钢结构建筑建造质量好、施工精度高的优势未能充分发挥出来。

镶嵌复合墙板钢框架结构作为装配式钢结构的一种，适宜用于以新疆为代表的气候严寒或寒冷地区，以及地震高发、高烈度区，是具有良好抗震节能效果的建筑结构体系。其中，复合墙板具有良好的保温隔热性能，镶嵌式连接方式对结构整体具有一定抗侧刚度贡献。本书在新疆生产建设兵团重大科技项目“绿色装配式钢结构建筑适用结构体系研发与示范”(2016AA006-2)和新疆生产建设兵团中青年科技领军人才计划项目“高烈度寒区装配式建筑抗震防灾创新理论研究与实践”(2020CB033)的经费支持下，在总结我国装配式钢结构设计经验的基础上，根据《装配式钢结构建筑技术标准》(GB/T 51232—2016)和《钢结构设计标准》(GB 50017—2017)等国家标准，结合课题组对镶嵌复合墙板钢框架的试验研究成果编写而成。本书详细阐述了镶嵌复合墙板装配式钢结构的概念与设计要点，给出了内嵌保温墙板对结构整体刚度贡献的计算方法，旨在为广大土建结构设计、施工及科研教学人员在应用镶嵌复合墙板装配式钢结构时提供一本实用的工具书。

全书共分 8 章，除详细介绍了镶嵌复合墙板装配式钢结构的基本概念、组成形式、结构材料与形式、设计规定外，还重点论述了考虑刚度贡献的镶嵌式墙板钢框架结构设计方法，并列举了工程案例以供工程人员参考。

由于编写人员水平有限，书中谬误之处在所难免，望读者及时批评指正。

编　者

2020 年 5 月

目录 Contents

第1章 基本概念

装配式建筑在20世纪初就开始引起人们的关注，到20世纪60年代终于实现装配式建筑的建造。由于装配式建筑的建造速度快，而且生产成本较低，迅速在世界各地推广开来。

本章介绍了镶嵌复合墙板装配式钢结构研究中涉及的基本概念，主要包括装配式建筑的概念及特点、装配式钢结构及复合保温墙板的种类及特点，还介绍了内嵌墙板与钢框架主体的主要连接方式。

1.1 装配式建筑

装配式建筑相关规划自2015年以来密集出台，2015年末住房城乡建设部发布《工业化建筑评价标准》(GB/T 51129—2015)，决定2016年全国全面推广装配式建筑，并取得突破性进展；2015年11月14日住房城乡建设部出台《建筑产业现代化发展纲要》，计划到2020年装配式建筑占新建建筑的比例达20%以上，到2025年装配式建筑占新建建筑的比例达50%以上；2016年2月22日国务院出台《关于大力发展装配式建筑的指导意见》，要求要因地制宜发展装配式混凝土结构、钢结构和现代木结构等装配式建筑，力争用10年左右的时间，使装配式建筑占新建建筑面积的比例达到30%；2016年3月5日政府工作报告提出要大力发展钢结构和装配式建筑，提高建筑工程标准和质量；2016年7月5日住房城乡建设部编制了《住房城乡建设部2016年科学技术项目计划——装配式建筑科技示范项目》，并公布了2016年科学技术项目建设——装配式建筑科技示范项目名单；2016年9月14日国务院召开国务院常务会议，提出要大力发展装配式建筑，推动产业结构调整升级；2016年9月27日国务院出台《国务院办公厅关于大力发展装配式建筑的指导意见》，明确了大力发展装配式建筑和钢结构重点区域、未来装配式建筑占比新建筑目标、重点发展城市。

虽然预制混凝土建筑、木结构建筑和钢结构建筑同为装配式建筑，但相比而言，钢结构建筑的构件生产具备较高的工业化、机械化水平，有利于提高施工效率，而且其施工安装受环境天气变化的影响较小，可进一步缩短建筑的建设周期。此外，装配式钢结构建筑由于自重轻、强度高、适应性强和良好的韧性和塑性等优点，其应用范围更广，不仅适用于住宅和商业建筑，而且更适用于建造大跨度建筑，如桥梁、大型厂房、体育馆、机场航站楼等。对于环境保护方面，预制混凝土建筑因主要建材原料仍为水泥、砂石等不可回收利用的建材，其拆除依旧会产生大量难以降解的建筑垃圾，增加环境对垃圾的处理压力；木结构建筑则会增加树木的砍伐，破坏森林；而钢结构建筑从主体结构到墙面、屋面结构均采用可回收或可降解材料，不仅资源利用率高，而且能减少建筑垃圾对环境的影响，可避免“建筑垃圾围城”的问题发生。因此，钢结构在各类装配式建筑中优势更突出。

1.1.1 装配式建筑的概念

装配式建筑是指结构系统、外围护系统、设备与管线系统、内装系统的主要部分采用预制部品部件集成的建筑。

1.1.2 装配式建筑的特点

装配式建筑是一个系统工程，由结构系统、外围护系统、设备与管线系统、内装系统四大系统组成，是将预制部品部件通过模数协调、模块组合、接口连接、节点构造和施工工法等集成装配而成的，在工地高效、可靠装配并做到主体结构、建筑围护、机电装修一体化的建筑。它有以下几个方面的特点：

① 以完整的建筑产品为对象，以系统集成为方法，体现加工和装配需要的标准化设计；

② 以工厂精益化生产为主的部品部件；

③ 以装配和干式工法为主的工地现场；

④ 以提升建筑工程质量安全水平、提高劳动生产效率、节约资源能源、减少施工污染和建筑的可持续发展为目标；

⑤ 基于 BIM 技术的全链条信息化管理，实现设计、生产、施工、装修和运维的协同。

1.1.3 装配式建筑的分类

根据结构材料、建筑高度、结构体系不同，装配式建筑有不同的分类形式。

(1) 按结构材料分类

按结构材料分为装配式钢结构建筑[图 1.1(a)]、装配式木结构建筑[图 1.1(b)]、装配式混凝土建筑[图 1.1(c)]、装配式轻钢结构建筑[图 1.1(d)]等。

(2) 按建筑高度分类

装配式建筑按建筑高度分类，分为低层装配式建筑、多层装配式建筑、高层装配式建筑和超高层装配式建筑。

(3) 按结构体系分类

装配式建筑按结构体系分类，分为框架结构、框架-剪力墙结构、筒体结构、剪力墙结构、无梁板结构、空间薄壁结构、悬索结构、预制钢筋混凝土柱单层厂房结构。

(4) 按预制率分类

装配式建筑按预制率分类，分为超高预制率（70%以上）、高预制率（50%～70%）、普通预制率（20%～50%）、低预制率（5%～20%）和局部使用预制构件（0～5%）几种类型。

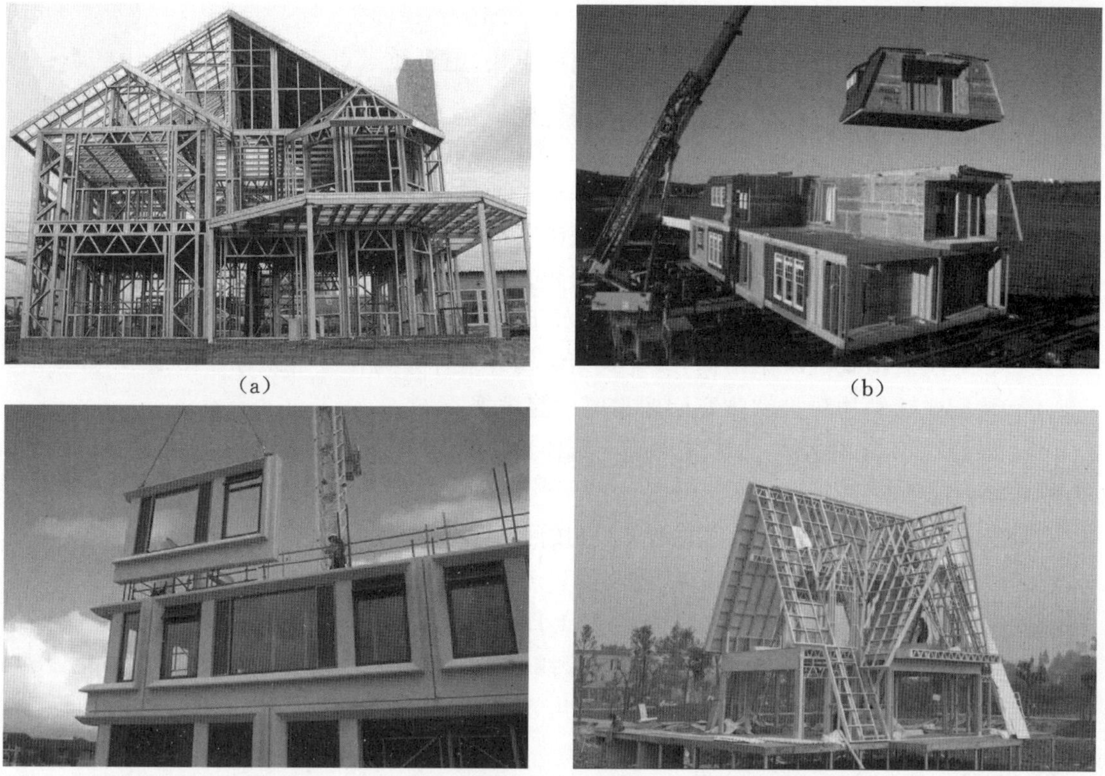

(a) (b) (c) (d)

图 1.1 装配式建筑

(a)装配式钢结构建筑;(b)装配式木结构建筑;(c) 装配式混凝土建筑;(d) 装配式轻钢结构建筑

1.2 装配式钢结构建筑

近年来,装配式钢结构建筑可彻底运用工业化生产的建材,形成以钢代木、以钢代砖、以钢代混凝土的环保节能型建筑体系。发展装配式钢结构建筑是建造方式的重大变革,是推进供给侧结构性改革和新型城镇化发展的重要举措,有利于节约资源、减少施工污染、提升劳动生产效率和质量安全水平,有利于促进建筑业与信息化工业化深度融合、培育新产业新动能、推动化解过剩产能。

1.2.1 装配式钢结构的概念及特点

装配式钢结构建筑是指建筑的结构系统由钢部(构)件构成的装配式建筑。钢结构本身就有自重轻、造价低、造型美观、节能环保等优势,加上装配式建筑节省模板和工期短等优点,其优势就更加突出。而相较于装配式混凝土建筑而言,装配式钢结构建筑具有以下优点：

① 没有现场现浇筑节点的工序，安装速度更快，施工质量更容易得到保证；

② 钢结构是延性材料，具有更好的抗震性能；

③ 相对于混凝土结构，钢结构自重更轻，基础造价更低；

④ 钢结构所用材料是可回收材料，更加绿色环保；

⑤ 精心设计的钢结构装配式建筑，比装配式混凝土建筑具有更好的经济性；

⑥ 梁柱截面更小，可获得更多的使用面积。

装配式钢结构住宅优势明显，但也存在如下一些问题：

① 相对于装配式混凝土结构，装配式钢结构外墙体系与传统建筑存在差别，较为复杂；

② 装配式钢结构防火和防腐问题需要引起重视；

③ 如设计不当，钢结构比传统混凝土结构造价更高，但相对于装配式混凝土建筑而言，仍然具有一定的经济性。

为规范我国装配式钢结构建筑的建设，按照适用、经济、安全、绿色、美观的要求，全面提高装配式钢结构建筑的环境效益、社会效益和经济效益，国家标准《装配式钢结构建筑技术标准》(GB/T 51232—2016)于 2017 年 6 月 1 日起正式实施。该标准明确规定，装配式钢结构建筑应将结构系统、外围护系统、设备与管线系统、内装系统进行集成，并应标准化设计、工厂化生产、装配化施工、一体化装修、信息化管理和智能化应用[1]。

1.2.2 装配式钢结构的典型结构体系

我国装配式钢结构建筑发展时间还不长，但在国家的大力支持下，企业、科研院所、高校等已经开展了不同装配程度的新体系的研究及应用。装配式钢结构建筑常用结构体系主要有轻钢龙骨结构体系、钢框架结构体系、钢框架-支撑结构体系、钢框架-剪力墙结构体系、钢框架-核心筒结构体系、交错桁架结构体系等。除此之外，还包括部分高校和企业研发的装配式钢管混凝土框架结构体系、结构模块化新型建筑体系、钢管混凝土组合异形柱框架支撑体系、整体式空间钢网格盒式结构体系、钢管束组合剪力墙结构体系、箱型钢板剪力墙结构体系等。

(1) 轻钢龙骨结构体系

我国在 20 世纪 80 年代末开始引进欧美及日本的轻型装配式小住宅。此类住宅以镀锌轻钢龙骨作为承重体系，板材起围护结构和分隔空间的作用。在不降低结构可靠性及安全性的前提下，可以节约钢材用量约 30%。该体系构件尺寸较小，可将其隐藏在墙体内部，有利于建筑布置和室内美观；结构自重轻，地基费用较为节省；梁柱均为铰接，省却了现场焊接及高强螺栓的费用；受力墙体可在工厂整体拼装，易于实现工厂化生产；易于装卸，有利于加快施工进度；楼板采用楼面轻钢龙骨体系，上覆刨花板及楼面面层，下部设置石膏板吊顶，既便于管线的穿行，又满足了隔声要求。但该体系梁柱之间铰接，抗震性能不好，抗侧能力也较差，同时国内冷弯型钢品种相对较少，与国外冷弯轻钢骨架材料性能差异较大。该体系较适用于1～3层的低层住宅，不适用于强震区的高层住宅。

（2）钢框架结构体系

钢框架结构体系受力特点与混凝土框架结构体系相同，其竖向承载体系与水平承载体系均由钢构件组成。钢框架结构体系是一种典型的柔性结构体系，其抗侧刚度仅由框架提供。该体系开间大、使用灵活，能充分满足建筑布置上的要求；受力明确，建筑物整体刚度及抗震性能较好；框架杆件类型少，可以大量采用型材，制作安装简单，施工速度较快。但该体系在强震作用下，抵抗侧向力所需梁柱截面较大，导致其用钢量大；相对于围护结构，梁柱截面较大，导致室内出现柱楞，影响美观和建筑功能。因此，该体系一般适用于6层以下的多层住宅，不适用于强震区的高层住宅，并且用于高层住宅时经济性相对较差。

（3）钢框架-支撑结构体系

在钢框架结构体系中设置支撑构件以加强结构的抗侧刚度，形成钢框架-支撑结构体系。支撑形式分为中心支撑和偏心支撑。其中，中心支撑根据斜杆的布置形式可分为十字交叉斜杆、单斜杆、人字形斜杆、K形斜杆体系等。与框架体系相比，框架-中心支撑体系在弹性变形阶段具有较大的刚度，但在水平地震作用下，中心支撑容易产生侧向屈曲。偏心支撑中每一根支撑斜杆，至少有一端与梁相交（不在柱节点处），另一端可在梁与柱交点处进行连接，或偏离另一根支撑斜杆一段长度与梁连接，并在支撑斜杆杆端与柱子之间构成一耗能梁段，或在两根支撑斜杆的杆端之间构成一耗能梁段。与剪力墙结构相比，偏心支撑框架在达到同样的刚度时结构重量要小，用于高层住宅时经济性好。但该体系结构层高较低，构件节间尺寸较小，导致支撑构件及节点数量均较多；传力路线较长，抗侧力效果较差。

（4）钢框架-剪力墙结构体系

钢框架-剪力墙结构体系可细分为框架-混凝土剪力墙结构体系、框架-带竖缝混凝土剪力墙结构体系、框架-钢板剪力墙结构体系及框架-带缝钢板剪力墙结构体系等。框架-混凝土剪力墙结构体系常在楼梯间或其他适当部位（如分户墙）处，采用现浇钢筋混凝土剪力墙作为结构主要抗侧力体系，由于钢筋混凝土剪力墙抗侧刚度较强，可以减少钢柱的截面尺寸，降低用钢量，并能够在一定程度上解决钢结构建筑室内空间的露梁、露柱问题。

该体系将钢材强度高、重量轻、施工速度快和混凝土抗压强度高、防火性能好、抗侧刚度大的特点有机地结合起来，但现场安装比较困难，制作比较复杂。

（5）钢框架-核心筒结构体系

钢框架-核心筒结构体系由外侧的钢框架和混凝土核心筒构成。钢框架与核心筒之间的跨度一般为8～12 m，并采用两端铰接的钢梁，或一端与钢框架柱刚接相连、另一端与核心筒铰接相连的钢梁。核心筒的内部应尽可能布置电梯间、楼梯间等公用设施用房，以扩大核心筒的平面尺寸，减小核心筒的高宽比，增大核心筒的侧向刚度。体系中的柱子可采用箱形截面柱和焊接的H型钢，钢梁可采用热轧H型钢或焊接H型钢。

钢框架-核心筒结构体系的主要优点：①其侧向刚度大于钢框架结构；②其结构造价介于钢结构和钢筋混凝土结构之间；③其施工速度比钢筋混凝土结构有所加快，结构面积小于钢筋混凝土结构。

(6) 交错桁架结构体系

该体系是在钢框架结构的基础上演变而来的，它无论是在建筑功能方面还是在力学特性上都有着胜过普通钢框架的优点。其基本组成为柱、钢桁架梁和楼面板，主要适用于15～20层住宅。

交错桁架结构体系是由高度为层高、跨度为建筑全宽的桁架，两端支承在房屋外围纵列钢柱上，所组成的框架承重结构不设中间柱，在房屋横向的每列柱轴线上隔一层设置一个桁架，而在相邻柱轴线上则交错布置。在相邻桁架间，楼板的一端支承在相邻桁架的下弦杆。垂直荷载则从楼板传到桁架的上下弦，再传到外围的柱子。该体系利用柱子、平面桁架和楼面板组成空间抗侧力体系，具有住宅布置灵活、楼板跨度小、结构自重轻的优点。交错桁架结构体系在大的地震力作用下，结构的抗震性能很差，桁架腹杆提前屈曲或较早进入非弹性变形阶段，造成刚度和承载力的急剧下降。

(7) 装配式钢管混凝土框架结构体系

该结构体系以钢管混凝土框架为基础，设置传统抗侧力构件如钢支撑混凝土剪力墙，核心筒或新型抗侧力构件(如钢板剪力墙、防屈曲钢板剪力墙等)，以轻型建筑内外墙为围护结构，采用部分装配化楼板，配合其他配套部件构成的钢结构住宅形式。

目前该体系常用的楼板形式有混凝土叠合板、压型钢板组合板、钢筋桁架楼承板以及双向密肋组合楼板等，楼板实现了部分装配化，免去了支模工作量，但管线设备大都需要敷设在现浇层内，不符合装配式建筑提倡的主体结构与设备管线分离的方式。

装配式墙板分为内嵌式、外挂式以及嵌挂结合式。装配式钢管混凝土结构对传统结构进行改进，部品化率达到70%左右，但主要体现在主体结构的装配化上，没有实现全装修和结构系统与外围护系统、设备管线系统的一体化建造。

(8) 结构模块化新型建筑体系

结构模块化新型建筑体系可分为构件模块化可建模式和模块化结构模式(盒子建筑)。模块化建筑是装配率较高的工业化装配式建筑，部品化率可超过90%。

湖南远大可建公司提出了构件模块化可建模式，即采用钢框架斜撑和装配式主板的建筑形式，主板由工厂预制好的钢筋混凝土压型钢板组合板、钢桁架组成，并与斜撑立柱共同组成空间受力体系。工厂预制的主板内部集成了水电、消防、空调所有管路，地砖也在工厂预先贴好，现场只需进行拼接、安装。该模式具有建造速度快、材料利用率高、现场安装无垃圾、噪声小、房间户型设置自由以及墙体门窗位置易改变等优点，但该结构体系还存在立柱及斜撑裸露以及隔音不好等问题。

模块化结构模式，是将传统建筑房间按功能区域进行划分，由工厂提前预制好模块的立柱、天花板、楼板、墙体、管线、装修等，然后将箱形模块运输到现场进行吊装，其装配化程度高、工期短、建筑自重轻。

盒子建筑目前还在研究阶段，在国内应用较少。盒子构件的生产对工厂要求较高，由于其自身的特点，建筑外立面、户型可能受到限制，构件尺寸大，运输、吊装有待完善，同时，成本问题也是制约盒子建筑发展的原因之一。

(9) 钢管混凝土组合异形柱框架支撑体系

天津大学陈志华、周婷婷研发了适用于多层、高层住宅建筑的钢管混凝土组合异形柱框架支撑体系。组合异形柱由若干单只矩形钢管混凝土柱通过竖向相互连接，并间隔一定距离焊接横向加劲肋板而成。大量研究表明，各单只柱通过连接板能有效地协同工作，形成格构式空间结构形式，从而提高异形柱的抗侧力性能。异形柱钢管截面较小，布置灵活，能够隐藏于建筑墙体内部，方便房间布置，该体系已应用于最高 80 m 左右的建筑项目中。

(10) 整体式空间钢网格盒式结构体系

贵州大学马克俭等提出了新型装配整体式空间钢网格盒式结构体系，可应用于多层、高层以及超高层住宅结构中。在高层住宅中，该结构体系主要采用钢框架-核心筒结构，配合采用“装配整体式钢空腹夹层板网格结构”作为住宅建筑的楼板体系，现场将磷石膏或脱硫石膏浇筑于“装配整体式钢网格式框架”中构成住宅建筑的承重外墙及分户墙，横向钢网格楼盖与竖向钢网格墙架的网格尺寸小，具有板的受力特点，两者连接后就形成了三维受力状态的盒式结构。采用钢网格空腹夹层板，分户墙可自由划分，不必遵循墙下必设梁的限制，可以灵活划分居室。但其缺点也很明显，例如钢空腹夹层板需设置吊顶，占用层高可达 500 mm，严重影响净空高度，目前工程应用较少。

(11) 钢管束组合剪力墙结构体系

杭萧钢构股份有限公司研发了钢管束组合剪力墙结构体系。该体系以钢管束组合剪力墙、箱形或 H 形钢梁作为承重构件，配合使用新型装配式钢筋桁架楼承板。CCA 外挂墙板等围护构件、钢管束剪力墙由多个 U 形钢管连接在一起，内部浇筑混凝土形成墙体，可根据需要将钢管排列成一字形、十字形、L 形、T 形等多种形状，避免室内露梁露柱情况的发生。但钢管束组合剪力墙具有用钢量大、加工量大、安装工作量大等缺点。目前该体系成功应用于杭萧钢构研发试验大楼和杭州萧山钱江世纪城人才专项用房 11 号楼。

(12) 箱形钢板剪力墙结构体系

浙江东南网架股份有限公司研发了一种多腔钢板剪力墙组合结构建筑体系，以解决传统钢结构住宅露梁露柱的问题。多腔体钢板剪力墙包括由若干钢板围成的多腔箱体，多腔箱体中设有角钢组件，内部浇筑混凝土。

楼板采用钢筋桁架楼承板或预制混凝土叠合板，内墙为轻质复合条板或蒸压加气混凝土板，外墙体系为保温装饰一体化外墙组件、纤维水泥板复合外墙组件、装配式蒸压加气混凝土轻钢复合保温墙组件或轻钢龙骨灌浆墙。

1.3　复合墙板

复合墙板是一种工业化生产的新一代高性能建筑内隔板，由多种建筑材料复合而成，它具有环保、节能、无污染、轻质、抗震、防火、保温、隔音、施工快捷的明显优点，可代替传统的砖瓦。镶嵌复合墙板装配式钢结构中，墙体与保温材料复合而形成夹芯板(俗称三明治板)，其可以做成条板，也可以做成大面积的整块板材。此类轻质板材墙体可以实现工厂化生产、装配式施工，适用于工业化发展的钢结构。目前适用于装配式钢框架结构体系并且能够达到建筑围护结构保温隔热、防渗隔声要求的板材类墙体主要有[2]：

（1）GRC 复合墙板

GRC 复合墙板（图 1.2）是以低碱度水泥砂浆作基材，耐碱玻璃纤维作增强材料制成面层，内设钢筋混凝土肋，并填充绝热材料作内芯，一次制成的一种轻质复合墙板。此种复合外墙板的 GRC 面层为其高强度、高韧性、高抗渗性、高防火与高耐候性提供了保证，高热阻的内芯又可使整块墙板兼具良好的绝热性与隔声性。同时，此种复合外墙板还具有规格尺寸大、自重轻、面层造型丰富以及施工方便等优点，这种墙板适合于作为框架结构建筑，尤其是高层框架结构建筑的非承重的外端挂板。

图 1.2 GRC **复合墙板**

（2）ALC 复合墙板

ALC 复合墙板（图 1.3），即蒸压轻质加气混凝土墙板，主要原料为水泥、石灰、硅砂等，可根据工程需要添加不同数量的钢筋网片，经过高压蒸汽养护形成的一种轻质混凝土墙板。由于采用高温高压蒸汽养护，板材内部形成很多封闭的小孔，使其具有良好的保温隔声性能。此外，ALC 墙板自重较轻，能够适应较大的层间位移角，具有良好的抗震性能。ALC 墙板配有专用连接螺栓，可以与钢框架灵活连接，外挂式或者嵌入式均可。ALC 墙板是目前国内应用最广泛的新型墙体板材，它的技术目前比较成熟，被列为“国家住宅建设推荐产品”。ALC 墙板具有保温隔热、耐火阻燃（板材 4 h 耐火）、轻质高强（相对密度 0.5）、易加工、隔音吸声、耐久性好、绿色环保等特性。在钢结构工程中，采用 ALC 墙板作围护结构更能将其自重轻、强度高、延性好、抗震能力强的优越性体现出来。因为 ALC 墙板的保温防火性能很好，故 ALC 墙板又称 ALC 自保温外墙板，专门用于结构外墙。ALC 内墙板厚度的常用规格，按标准一般分为 75 mm、100 mm、125 mm、150 mm、175 mm、200 mm。

（3）ASA 复合墙板

ASA 复合墙板（图 1.4），即轻质节能环保型复合墙板，其是以粉煤灰为填充料，以水泥为胶凝料，以耐碱玻纤网格布或钢筋为增强材料制成的建筑板材。ASA 墙板具有轻质高强、保温隔热、耐火隔声等性能，施工简单快捷，具备锯、钉、钻、刨和粘等操作性，可将其用作屋面板、楼板、非承重外墙板和隔墙板等。钢结构镶嵌 ASA 墙板建筑体系是以普通钢框架

图 1.3 ALC 复合墙板

作为主体结构，并以 ASA 系列板材作为围护结构构成的一种独特的建筑体系。该体系的主要特点在于采用双层 ASA 墙板作为外围护结构。双层 ASA 墙板外围护结构不仅具有良好的保温隔热性能，而且其中的内层板镶嵌于钢框架中，与框架共同工作，构成结构的抗侧力系统，从而大幅度降低该体系的结构用钢量；外层板安装在钢框架的外侧，可有效阻断外墙在钢框架处出现的“热桥”效应。

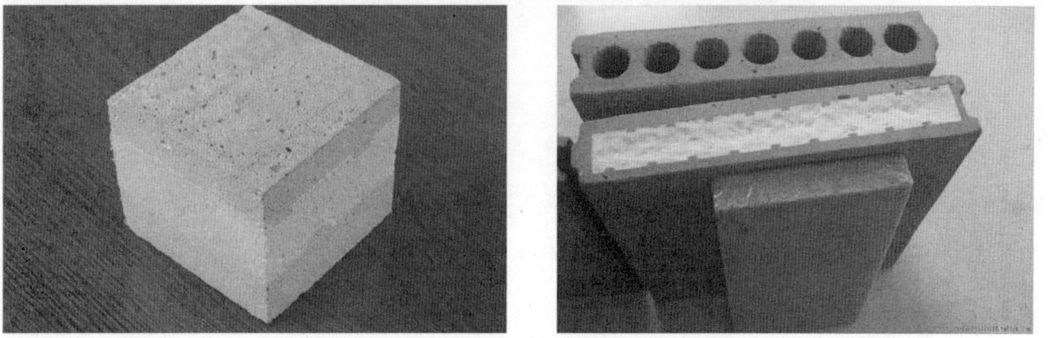

图 1.4 ASA 复合墙板

(4) AAC 复合墙板

AAC 复合墙板(图 1.5)，即蒸压轻质砂加气混凝土板，是以石英砂、水泥、石灰和石膏为主要原料，选用铝粉作为发泡剂，经高温高压养护而成的细密多孔状墙板。AAC 板材外观颜色为白色，具有不同规格尺寸及表面花纹，板内配置钢筋，配有槽口便于施工。国内 AAC 墙板主要由上海伊通有限公司生产。AAC 墙板在工程中具有自重轻、强度高、保温隔热性能好、防火性能好、隔音性佳、施工便利等优点。

图 1.5　AAC 复合墙板

(5) 钢丝网架水泥聚苯乙烯夹芯板

钢丝网架水泥聚苯乙烯夹芯板(图 1.6)是用高强度冷拔钢丝焊接成桁架,中间填以阻燃型聚苯乙烯泡沫塑料或岩棉等绝热材料,现场安装后,两侧喷水泥砂浆(一般需要喷三道)而形成的复合墙板。其具有较好的保温、隔热、隔声性能,自重较轻。缺点是:墙板的接缝处容易形成“热桥”效应,会降低钢结构住宅的保温隔热效果。

图 1.6　钢丝网架水泥聚苯乙烯夹芯板

(6) 玻纤增强石膏外墙内保温板

玻纤增强石膏外墙内保温板(图 1.7),又称增强石膏聚苯复合板,是一种以玻纤增强石膏为面层、聚苯乙烯泡沫塑料板为芯层的夹芯式保温板材。生产石膏外墙内保温板时,在石膏基材中加入适量的普通硅酸盐水泥、膨胀珍珠岩、外加剂和水制成料浆,并加入中碱玻璃纤维网格布,采用平模台座铺网抹浆方法或立模浇筑方法形成面层,并夹入自熄性聚苯乙烯泡沫塑料板,从而制成了石膏内保温板。

(7) 金属复合板

金属复合板(图 1.8)是一种夹芯式结构,两侧为金属面材料、中间层为保温材料。金属面材料通常采用镀锌钢板、不锈钢板、铝板及彩色涂层钢板等。中间层保温材料为岩棉或聚苯板。金属复合板强度高、施工快捷、可多次拆装。但是金属不耐腐蚀,在钢结构中使用金

图1.7 玻纤增强石膏外墙内保温板

属复合板时，需要采取一些措施提高其耐久年限。另外，金属复合板外表面一般不平整，所以为了达到室内的美观要求需要对内饰面进行二次处理。

图1.8 金属复合板

(8) 现场拼装复合型墙板

现场拼装的复合型墙板通常采用轻钢龙骨作为墙体支撑骨架，内外挂石膏板或水泥刨花板，中间填充岩棉保温。每一种材料都分别在工厂定型生产，在施工现场进行组装。现场拼装的复合型墙板具有良好的保温隔热性能和防渗漏性能，各项材料的现场安装保证了保温层的连续性，有效避免"热桥"效应的产生。但是其现场组装比较复杂，与装配式建筑的发展不相适应。

1.4 镶嵌复合墙板装配式钢结构建筑

镶嵌复合墙板装配式钢结构建筑属于墙板钢框架结构体系，即采用镶嵌式的复合保温墙板的钢框架结构，通过内嵌的方式将复合保温墙板与主体结构进行连接。

墙板钢框架结构作为装配式钢结构的一种，主要分为外挂式墙板钢框架结构和内嵌式墙板钢框架结构。外挂式墙板钢框架结构主要是将墙板通过外挂的方式与钢框架主体结构进行连接,如采用纤维增强塑料或不锈钢连接件连接等方法。外挂式墙板对结构整体不产生刚度贡献,主要起着围护和分隔的作用。镶嵌复合墙板钢框架结构通过内嵌的方式将墙板与钢框架主体结构进行连接,内嵌墙板在起到围护和分隔作用的同时,对结构整体具有一定刚度贡献,墙板可以与框架一起组成抗侧力体系。内嵌墙板钢框架结构目前已广泛应用于工程中。作为非结构构件,内嵌墙板与主体结构的协同工作机制,以及在地震中的破坏时机等对结构整体的抗震性能有很大影响,国内外相关学者也对其整体抗震性能进行了一系列研究。目前大量学者的研究均表明,需要考虑内嵌墙板对于钢框架结构的刚度和承载力贡献。

现行规范及目前工程实际应用中,内嵌墙板与钢框架主体的连接方式主要为 U 形钢板卡与钢柱或钢梁焊接,即将墙板卡入 U 形钢板卡槽中,利用黏结剂进行填缝,如图 1.9 至图 1.11 所示。

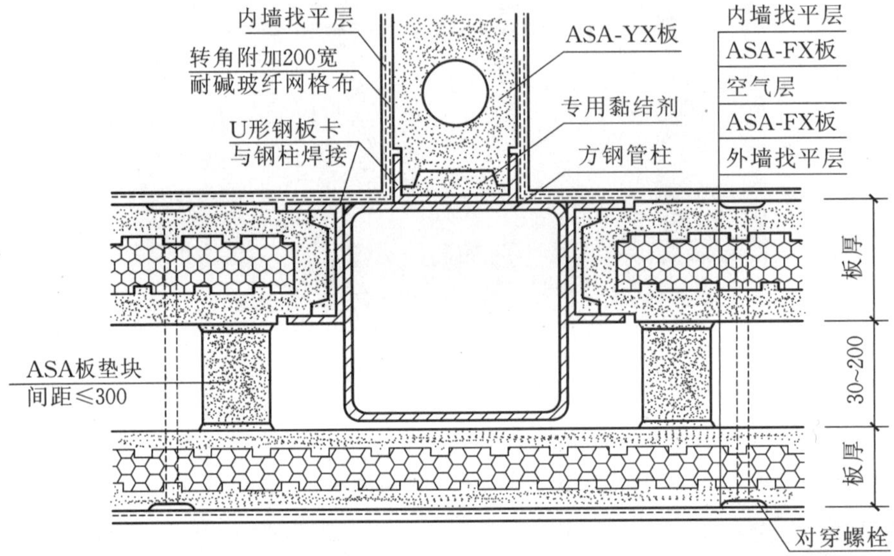

图 1.9 内嵌墙板与钢柱连接方式

该种方法用钢量大,U 形钢板卡需现场焊接,从而引发装配率下降、施工效率低、焊接质量难以保证、环境污染、施工火灾隐患等问题。即使 U 形钢板卡与主体的连接在工厂进行预制,在运输过程中也极易发生变形,从而引发现场安装效率降低,甚至二次加工等问题。内嵌墙板间的连接方式主要为采用黏结剂进行填缝,在接缝处采用网格布进行拉结。该种连接方式接近刚性连接,在受力状态下,接缝发生破坏后墙板将立即丧失工作能力,使内嵌墙板对钢框架的刚度贡献作用迅速衰减,从而削弱框架整体刚度及内嵌墙板与钢框架的协同工作性能,降低结构整体抗震性能。

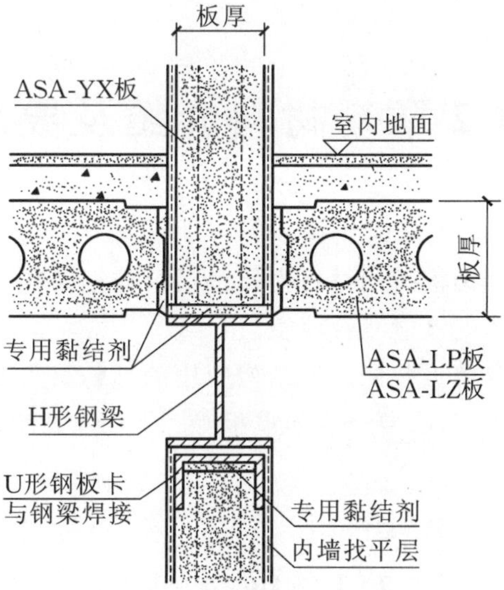

图 1.10　内嵌墙板与钢梁连接方式

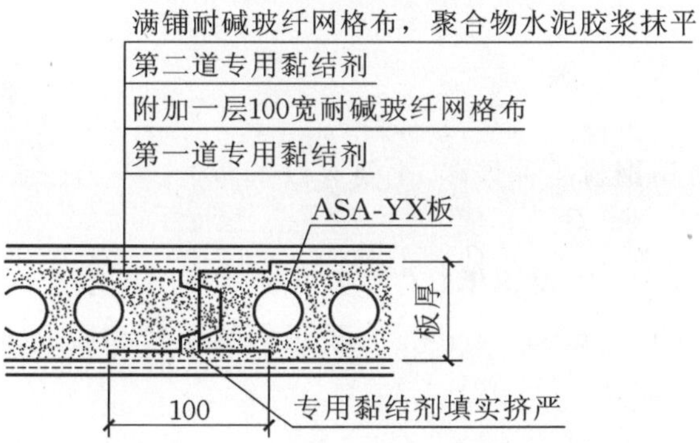

图 1.11　内嵌墙板间连接方式

基于上述问题，笔者所在课题组研究了连接方式对内嵌墙板钢框架结构协同工作性能的影响[3,4]，提出了一种新型连接方式——新型耳扣连接方式，具体做法见后文，并得到内嵌墙板钢框架结构的刚度计算公式及内嵌墙板对钢框架的刚度贡献系数。由于内嵌墙板材料自身强度低于钢材强度，因此内墙墙板与钢框架的相互作用，主要体现在外荷载达到墙板自身强度之前的结构整体受力阶段。水平荷载通过钢框架柱向墙板传递，墙板利用自身强度及其与下部构件的砂浆黏结力抵抗破坏，耳扣不发生滑动，实现"小震不坏"的抗震设防目标；达到砂浆黏结力时，砂浆层与下部构件发生黏结破坏，此时耳扣连同墙板沿钢梁下翼缘纵轴线方向滑动耗能，达到"中大震滑动耗能"的设计目标。在中大震作用下，耳扣的滑移可减轻墙板在受荷过程中的损伤程度。新型耳扣连接方式可实现完全工厂预制、现场安装，施工操作便捷，可防止墙板平面外倾覆，具有一定应用价值。

第2章　材料介绍及要求

镶嵌复合墙板装配式钢结构所用材料主要包括组成钢结构的各种钢材及连接配件(如螺栓等),以及作为围护墙体的镶嵌复合墙板。

本章主要介绍镶嵌复合墙板装配式钢结构所用的结构材料及材料的相关要求,主要包括结构钢材及附属安装配件、各类复合保温墙板等。下面从材料规格、材料各项性能指标等方面进行相关阐述。

2.1　钢　　材

2.1.1　钢材分类

装配式钢结构中所用钢材品种繁多,主要有以下两类:

(1) 碳素结构钢

根据现行的国家标准《碳素结构钢》(GB/T 700—2006)的规定,碳素结构钢的牌号由代表屈服点的字母Q、屈服点的数值(N/mm^2)、质量等级符号和脱氧方法符号等四个部分按顺序组成。

碳素结构钢分为Q195、Q215、Q235、Q255和Q275等五种,屈服强度越大,其含碳量、强度和硬度越大,塑性越低。其中,Q235在使用、加工和焊接方面的性能都比较好,是钢结构常用钢材之一。

质量等级分为A、B、C、D四级,由A到D表示质量由低到高。不同质量等级的钢对化学成分和力学性能的要求不同。A级无冲击功规定,对冷弯试验只在需方有要求时才进行,其碳、锰、硅含量也可以不作为交货条件;B级、C级、D级分别要求保证20 ℃、0 ℃、−20 ℃时夏比(V型缺口)冲击功不小于27 J(纵向),都要求提供冷弯试验的合格保证,以及碳、锰、硅、硫和磷等含量的质保。所有钢材交货时供方应提供屈服点、极限强度和伸长率等力学性能的质保。

(2) 低合金高强度结构钢

低合金钢是指在炼钢过程中少量添加一种或几种合金元素(其总量低于5%)的钢材。低合金钢因含有合金元素而具有较高的强度。根据现行国家标准《低合金高强度结构钢》(GB/T 1591—2018)的规定,其牌号与碳素结构钢牌号的表示方法相同,常用的低合金钢有

Q345、Q390、Q420 等。

低合金钢交货时，供方应提供屈服强度、极限强度、伸长率和冷弯试验等力学性能质保，还要提供碳、锰、硅、硫、磷、钒、铝和铁等化学成分含量的质保。

低合金钢的质量等级分为 B、C、D、E、F 五个等级，其要求提供 −40 ℃时夏比（V 型缺口）冲击功不小于 27 J（纵向）。不同质量等级对碳、硫、磷、铝的含量的要求也有区别。低合金钢的脱氧方法为镇静钢或特殊镇静钢。交货状态为热轧时，交货状态代号为 AR 或 WAR 可省略，交货状态为正火或正火轧制状态时，交货状态代号均用 N 表示。Q355ND 表示屈服强度为 355 N/mm^2 的交货状态为正火或正火轧制状态的 D 级镇静钢。

碳素结构钢和低合金钢都可以采取适当的热处理（如调质处理）进一步提高其强度。例如，用于制造高强度螺栓的 45 号优质碳素钢以及 40 硼（40B）、20 锰钛硼（20MnTiB）就是通过调质处理提高钢材强度的。

注意：质量等级的划分与要求：碳素钢分 A、B、C、D 四级，低合金钢分 B、C、D、E、F 五级。各级钢的保证条件为：

A 级钢：抗拉强度、屈服点和伸长率，冷弯试验只在需方要求时进行，无冲击韧性要求；

B 级钢：抗拉强度、屈服点和伸长率，冷弯试验合格，常温（20 ℃）冲击试验，要求冲击功不小于 27 J；

C 级钢：抗拉强度、屈服点和伸长率，冷弯试验合格，0 ℃冲击试验，要求冲击功不小于 27 J；

D 级钢：抗拉强度、屈服点和伸长率，冷弯试验合格，−20 ℃冲击试验，要求冲击功不小于 27 J；

E 级钢：抗拉强度、屈服点和伸长率，冷弯试验合格，−40 ℃冲击试验，要求冲击功不小于 27 J；

F 级钢：抗拉强度、屈服点和伸长率，冷弯试验只在需方要求时进行，−50 ℃冲击试验，要求冲击功不小于 27 J，横向不小于 16 J。

不同钢材的标准、牌号和质量等级见表 2.1。

表 2.1　钢材的标准、牌号和质量等级

项次	钢材标准	钢材牌号	质量等级
1	《碳素结构钢》（GB/T 700—2006）	Q235	A、B、C、D
2	《低合金高强度结构钢》（GB/T 1591—2018）	Q355、Q390	B、C、D
		Q420	B、C
		Q460	C
		Q355N	B、C、D、E、F
		Q390N、Q420N	B、C、D、E
		Q460N	C、D、E

续表 2.1

项次	钢材标准		钢材牌号	质量等级
3	《建筑结构用钢板》(GB/T 19879—2015)		Q235GJ、Q345GJ、Q390GJ、Q420GJ、Q460GJ	B、C、D、E
			Q500GJ、Q550GJ、Q620GJ、Q690GJ	C、D、E
4	《耐候结构钢》(GB/T 4171—2008)	高耐候	Q265GNH、Q295GNH、Q310GNH、Q355GNH	A、B、C、D、E
		焊接耐候	Q235NH、Q295NH、Q355NH、Q415NH、Q460NH、Q500NH、Q550NH	

2.1.2 钢材规格

钢结构所用的钢材主要为热轧成型的钢板、型钢以及冷弯成型的薄壁型钢。

装配式钢结构采用的型材、板材宜符合下列要求：

① 同牌号钢材中，宜选用厚度较薄且分组强度较高的钢材。

② 宜优先选用热轧 H 型钢，其截面板厚不宜小于 4.5 mm。方(矩)形钢管截面的壁厚不大于 20 mm 时，宜选用冷成型方(矩)形钢管，其性能、规格应符合现行行业标准《建筑结构用冷弯矩形钢管》(JG/T 178—2005)的规定，并选用其Ⅰ级产品；当壁厚大于 20 mm 时，宜采用由四块板组焊的箱形截面。

③ 框架柱或钢管混凝土柱等构件选用圆钢管时，宜优先选用冷弯成型的焊接圆管；当有技术经济依据时，也可选用符合《结构用无缝钢管》(GB/T 8162—2018)规定的 Q345 无缝钢管，但不应选用以热扩方法生产的无缝钢管。

④ 各类构件选用薄壁型材时，须注意截面板件的局部稳定应符合规范要求。

⑤ 非潮湿环境(湿度不大于 60%)中的住宅钢结构次构件(坡屋顶、承重龙骨等)，需采用冷弯薄壁型钢[C 形钢或方(矩)形钢管]时，其厚度不宜小于 3.0 mm；当采用镀锌构件时，应采用热浸镀锌板(双面镀锌量不小于 180 g/m^2)制作[5]。

2.1.2.1 钢板

钢板有薄钢板(厚度 0.35～4 mm)、厚钢板(厚度 4.5～60 mm)、特厚钢板(板厚大于 60 mm)和扁钢(厚度 4～60 mm，宽度为 12～200 mm)等。钢板用“—宽×厚×长”或“—宽×厚”表示，单位为 mm，如—450×8×3100，—450×8。

2.1.2.2 型钢

钢结构常用的型钢是角钢、工字钢、槽钢和 H 型钢、钢管等。除 H 型钢和钢管有热轧和焊接成型外，其余型钢均为热轧成型。

（1）角钢

角钢有等边角钢和不等边角钢两种。等边角钢以“L 肢宽×肢厚”表示，如 L63×5；不等边角钢以“L 长肢宽×短肢宽×肢厚”表示，单位为 mm，如，L100×80×8。

（2）工字钢

工字钢有普通工字钢和轻型工字钢两种。普通工字钢用“I 截面高度的厘米数”表示。高度 20 mm 以上的工字钢，同一高度有三种腹板厚度，分别记为 a、b、c，其中 a 类腹板最薄、翼缘最窄，b 类腹板较厚、翼缘较宽，c 类腹板最厚、翼缘最宽，如 I20a。同样高度的轻型工字钢的翼缘要比普通工字钢的翼缘宽而薄，腹板亦薄，轻型工字钢可用“轻”字汉语拼音首位字母“Q”表示，如 QI40 等。

（3）槽钢

槽钢也分普通槽钢和轻型槽钢两种，以“[或 Q[截面高度厘米数”表示，如[20b、Q[22等。

（4）H 型钢

H 型钢分热轧型钢和焊接型钢二种。热轧 H 型钢有宽翼缘（HW）、中翼缘（HM）、窄翼缘（HN）和 H 型钢柱（HP）等四类。H 型钢用“高度×宽度×腹板厚度×翼缘厚度”表示，单位为 mm，如 HW250×250×9×14、HM294×200×8×12。

焊接 H 型钢是由钢板用高频焊接组合而成，也用“高度×宽度×腹板厚度×翼缘厚度”表示，如 H350×250×10×16。

（5）钢管

钢管有热轧无缝钢管和焊接钢管两种。无缝钢管的外径为 32～630 mm。钢管用“ϕ 外径×壁厚”来表示，单位为 mm，如 ϕ273×5。

对于普通钢结构的受力构件，不宜采用厚度小于 5 mm 的钢板、壁厚小于 3 mm 的钢管、截面小于 L45×4 或 L56×36×4 的角钢。

2.1.2.3　冷弯薄壁型钢

冷弯薄壁型钢采用薄钢板冷轧制成。其壁厚一般为 1.5～12 mm，但采用冷弯薄壁型钢制作的承重结构受力构件，其壁厚不宜小于 2 mm。冷弯薄壁型钢能充分利用钢材的强度以节约钢材，在轻钢结构中得到广泛应用。常用冷弯薄壁型钢截面形式有等边角钢[图 2.1(a)]、卷边等边角钢[图 2.1(b)]、槽钢[图 2.1(c)]、卷边槽钢[图 2.1(d)]、卷边 Z 字形钢[图 2.1(e)]、钢管[图 2.1(f)、图 2.1(g)、图 2.1(h)]等[6]。

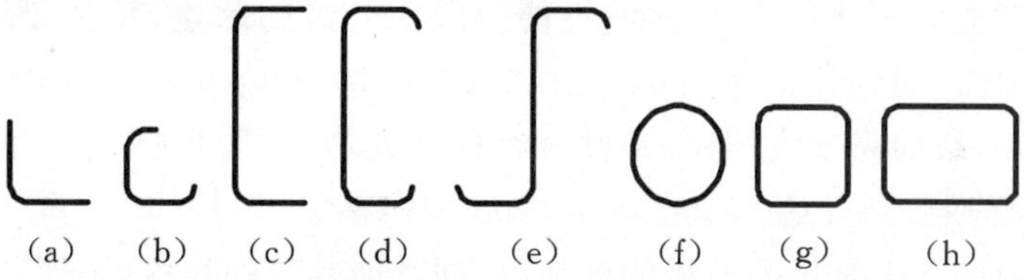

图 2.1　冷弯薄壁型钢

冷弯薄壁型钢的表示方法为:按字母 B、截面形状符号和长边宽度×短边宽度×卷边宽度×壁厚的顺序表示,单位为 mm,长、短边相等时,只标一个边宽,无卷边时不标卷边宽度,如 B[120×40×2.5、BC 160×60×20×3。

压型钢板是冷弯薄壁型钢的另一种形式,它是用厚度为 0.4～2 mm 的钢板、镀锌钢板或彩色涂层钢板经冷轧成形的波形板。

2.1.3 钢材性能要求

结构钢材的性能应符合下列要求:

(1) 应保证屈服强度、抗拉强度、伸长率等基本力学性能符合要求。框架梁、柱等主要承重构件应再附加冷弯性能要求,必要时尚应附加保证冲击功值要求。

(2) 应保证基本化学成分碳、磷、硫、硅、锰的含量符合要求;焊接结构的主要构件采用 Q345、Q390 等低合金结构钢时,尚应保证碳当量(CEV)或焊接裂纹敏感指数(P_{cm})符合要求。

(3) 抗震设防(不低于 7 度)的中高层和高层住宅钢结构,当其框架和抗侧力支撑等重要构件的截面设计由地震作用组合控制时,钢材应附加保证下列性能:①钢材的屈强比不应大于 0.85;②钢材应有明显的屈服台阶,且伸长率不小于 20%(标距 50 mm 试件);③钢材应有良好的焊接性能,对低合金结构钢应保证合格的碳当量。

(4) 在焊接 T 形、十字形、角接接头中,其翼缘板厚度等于或大于 40 mm,且焊接接头约束度与焊接收缩应力较大,可形成较强的厚度方向层状撕裂作用时,该受拉部位钢材宜附加保证板厚方向(抗撕裂)性能符合现行国家标准《厚度方向性能钢板》(GB/T 5313—2010)的规定,其沿板厚方向的断面收缩率(ψ)不应小于 15%。框架梁柱节点为隔板贯通构造时,其贯通隔板不论厚度大小,均应保证板厚度方向(抗撕裂)的性能要求。

2.2 螺　　栓

钢结构连接用螺栓性能等级分为 3.6、4.6、4.8、5.6、6.8、8.8、9.8、10.9、12.9 等十余个等级,其中 8.8 级及以上螺栓材质为低碳合金钢或中碳钢并经热处理(淬火、回火),通称为高强度螺栓,其余统称为普通螺栓。螺栓性能等级标号由两部分数字组成,分别表示螺栓材料的公称抗拉强度值和屈强比值。例如,性能等级 4.6 级的螺栓,其含义是:螺栓材质公称抗拉强度达 400 MPa,屈强比值为 0.6,公称屈服强度达 400×0.6=240 MPa。

性能等级 10.9 级的高强度螺栓,其材料经过热处理后,公称抗拉强度达 1000 MPa,屈强比值为 0.9,公称屈服强度达 1000×0.9=900 MPa。

螺栓性能等级的含义是国际通用的标准,相同性能等级的螺栓,不管其材料和产地的区别,其性能是相同的,设计上只根据性能等级选用螺栓即可。常用螺栓规格见表 2.2。

表 2.2　常用螺栓规格

类别	规格	牙数(每英寸)或牙距/mm	成品外径/mm		线径/mm	类别	规格	牙数(每英寸)或牙距/mm	成品外径/mm		线径/mm
			最大	最小	±0.02 mm				最大	最小	±0.02 mm
国标粗牙60°	M1.4	0.30	1.38	1.34	1.16	英制粗牙55°	1/8	40	3.145	3.03	2.70
	M1.7	0.35	1.68	1.61	1.42		5/32	32	3.945	3.795	3.38
	M2.0	0.40	1.98	1.89	1.68		3/16	24	4.732	4.592	4.00
	M2.3	0.40	2.28	2.19	1.98		1/4	20	6.32	6.165	5.45
	M2.5	0.45	2.48	2.38	2.15		5/16	18	7.905	7.737	6.94
	M3.0	0.50	2.98	2.88	2.60		3/8	16	9.49	9.312	8.40
	M3.5	0.60	3.47	3.36	3.02		7/16	14	11.07	10.88	9.84
	M4.0	0.70	3.98	3.83	3.40		1/2	12	12.66	12.46	11.22
	M4.5	0.75	4.47	4.36	3.88		9/16	12	14.25	14.04	12.81
	M5.0	0.80	4.98	4.83	4.30		5/8	11	15.83	15.61	14.27
	M6.0	1.00	5.97	5.82	5.18	美制粗牙60°	4#	40	2.824	2.695	2.37
	M7.0	1.00	6.97	6.82	6.18		5#	40	3.154	3.026	2.69
	M8.0	1.25	7.96	7.79	7.02		6#	32	3.484	3.333	2.91
	M9.0	1.25	8.96	8.79	8.01		8#	32	4.142	3.991	3.57
	M10	1.50	9.96	9.77	8.84		10#	24	4.8	4.618	4.05
	M11	1.50	10.97	10.73	9.84		12#	24	5.461	5.279	4.70
	M12	1.75	11.95	11.76	10.7		1/4	20	6.322	6.117	5.45
	M14	2.00	13.95	13.74	12.5		5/16	18	7.907	7.687	6.93
	M16	2.00	15.95	15.74	14.5		3/8	16	9.491	9.254	8.40
	M18	2.50	17.95	17.71	16.2		7/16	14	11.08	10.82	9.83
	M20	2.50	19.95	19.71	18.2		1/2	13	12.66	12.39	11.32
国标细牙60°	M4.0	0.50	3.97	3.86	3.58		9/16	12	14.25	13.96	12.80
	M4.5	0.50	4.47	4.36	4.07		5/8	11	15.83	15.53	14.26
	M5.0	0.50	4.97	4.86	4.57		4#	48	2.877	2.713	2.44
	M6.0	0.75	5.97	5.85	5.41		5#	44	3.157	3.036	2.73
	M7.0	0.75	6.97	6.85	6.41		6#	40	3.484	3.356	3.02
	M8.0	1.00	7.97	7.83	7.24		8#	36	4.145	4.006	3.63
	M9.0	1.00	8.97	8.83	8.24		10#	32	4.803	4.651	4.23
	M10	1.00	9.97	9.82	9.23		12#	28	5.461	5.296	4.81
	M10	1.25	9.96	9.81	9.07		1/4	28	6.324	6.16	5.68
	M12	1.25	11.97	11.76	11.07		5/16	24	7.909	7.727	7.16
	M12	1.50	11.96	11.79	10.89		3/8	24	9.497	9.315	8.74
	M14	1.50	13.96	13.79	12.89		7/16	20	11.08	10.87	10.18
	M16	1.50	15.96	15.79	14.89		1/2	20	12.67	12.46	11.76
	M18	1.50	17.95	17.73	16.86		9/16	18	14.25	14.03	13.25
	M20	1.50	19.95	19.65	18.85		5/8	18	15.83	15.62	14.83

续表 2.2

类别	规格	牙数(每英寸)或牙距/mm	成品外径/mm		线径/mm
			最大	最小	±0.02 mm
国标60°	M3.0	1.2	3.0	2.85	2.38
	M3.5	1.4	3.5	3.35	2.75
	M4.0	1.6	4.0	3.85	3.15
	M4.5	1.8	4.5	4.35	3.47
	M5.0	2	5.0	4.85	3.90
	M6.0	2.5	6.0	5.85	4.67
日制A牙铁铁钉60°	M2.0	32	2.10	2.00	1.70
	M2.3	32	2.40	2.30	1.95
	M2.6	28	2.70	2.60	2.10
	M3.0	24	3.10	3.00	2.42
	M3.5	18	3.65	3.50	2.83
	M4.0	16	4.15	4.00	3.25
	M4.5	14	4.65	4.50	3.60
	M5.0	12	5.20	5.00	4.00
	M6.0	10	6.20	6.00	4.85
	M8.0	9	8.20	8.00	6.48
日制AB牙铁铁钉60°	M2.0	40	2.00	1.90	1.65
	M2.3	32	2.30	2.20	1.85
	M2.6	28	2.60	2.50	2.10
	M3.0	24	3.00	2.90	2.40
	M3.5	20	3.50	3.40	2.83
	M4.0	18	4.00	3.85	3.25
	M4.5	16	4.50	4.35	3.60
	M5.0	16	5.00	4.85	4.03
	M6.0	14	6.00	5.85	4.95
	M8.0	12	8.00	7.85	6.70
日制木螺丝60°	M2.7	1.2	2.77	2.63	2.10
	M3.1	1.3	3.17	3.03	2.40
	M3.5	1.4	3.60	3.40	2.75
	M3.8	1.6	3.90	3.70	3.00
	M4.1	1.8	4.20	4.00	3.20
	M4.5	2	4.60	4.40	3.50
	M4.8	2.1	4.92	4.68	3.70
	M5.1	2.2	5.22	4.98	3.95
	M5.5	2.4	5.62	5.38	4.30
	M5.8	2.6	5.92	5.68	4.45

类别	规格	牙数(每英寸)或牙距/mm	成品外径/mm		线径/mm
			最大	最小	±0.02 mm
美制铁板A牙60°	2#	32	2.23	2.13	1.78
	3#	28	2.56	2.46	2.08
	4#	24	2.89	2.79	2.28
	5#	20	3.30	3.20	2.60
	6#	18	3.58	3.45	2.78
	7#	16	4.01	3.86	3.10
	8#	15	4.26	4.11	3.30
	9#	14	4.55	4.40	3.45
	10#	12	4.92	4.77	3.75
	12#	11	5.60	5.46	4.30
	14#	10	6.45	6.29	5.05
美制铁板AB牙60°	2#	32	2.23	2.08	1.78
	3#	28	2.56	2.46	2.05
	4#	24	2.89	2.74	2.28
	5#	20	3.30	3.20	2.57
	6#	20	3.53	3.43	2.80
	7#	19	3.91	3.78	3.13
	8#	18	4.21	4.04	3.38
	10#	16	4.80	4.65	3.80
	12#	14	5.40	5.31	4.38
	1/4	14	6.25	6.05	5.18
墙板钉细牙60°	6#	17	3.60	3.40	2.70
	7#	16	4.00	3.75	3.03
	8#	15	4.30	4.05	3.20
	10#	12	4.95	4.70	3.72
墙板钉粗牙60°	6#	9	3.90	3.65	2.65
	7#	9	4.20	3.90	2.90
	8#	9	4.60	4.30	3.20
	10#	8	5.30	4.90	3.70
德标(C/B)钉40°	M2.5	1.1	2.5	2.25	1.80
	M3.0	1.35	3.0	2.75	2.10
	M3.5	1.6	3.5	3.20	2.45
	M4.0	1.8	4.0	3.70	2.78
	M4.5	2	4.5	4.20	3.10
	M5.0	2.2	5.0	4.70	3.45
	M6.0	2.6	6.0	5.70	4.20

普通螺栓材料应符合《紧固件机械性能　螺栓、螺钉和螺柱》(GB/T 3098.1—2010)、《六角头螺栓》(GB/T 5782—2016)、《六角头螺栓　C级》(GB/T 5780—2016)的规定。自钻自攻螺钉材料应符合《紧固件机械性能　自钻自攻螺钉》(GB/T 3098.11—2002)、《十字槽盘头自钻自攻螺钉》(GB/T 15856.1—2002)的规定。锚栓材料要求与自攻螺栓要求相同。图2.2所示为常见螺栓及螺钉。

(a)　　(b)　　(c)

图2.2　常见螺栓与螺钉

(a) 普通螺栓；(b) 自攻螺钉；(c) 六角螺栓

镶嵌复合墙板装配式钢结构连接用4.6级与4.8级普通螺栓(C级螺栓)及5.6级与8.8级普通螺栓(A级或B级螺栓)，其质量应符合现行国家标准《紧固件机械性能　螺栓、螺钉和螺柱》(GB/T 3098.1—2010)和《紧固件公差　螺栓、螺钉、螺柱和螺母》(GB/T 3103.1—2002)的规定；C级螺栓与A级、B级螺栓的规格和尺寸应分别符合现行国家标准《六角头螺栓　C级》(GB/T 5780—2016)与《六角头螺栓》(GB/T 5782—2016)的规定；自攻螺钉材料应符合《紧固件机械性能　自攻螺钉》(GB/T 3098.5—2016)、《开槽盘头自攻螺钉》(GB/T 5282—2017)、《墙板自攻螺钉》(GB/T 14210—1993)的规定。

圆柱头焊(栓)钉连接件的质量应符合现行国家标准《电弧螺柱焊用圆柱头焊钉》(GB/T 10433—2002)的规定；大六角高强度螺栓的质量应符合现行国家标准《钢结构用高强度大六角头螺栓》(GB/T 1228—2006)、《钢结构用高强度大六角螺母》(GB/T 1229—2006)、《钢结构用高强度垫圈》(GB/T 1230—2006)、《钢结构用高强度大六角头螺栓、大六角螺母、垫圈技术条件》(GB/T 1231—2006)的规定。扭剪型高强度螺栓的质量应符合现行国家标准《钢结构用扭剪型高强度螺栓连接副》(GB/T 3632—2008)的规定。

焊接连接材料应按强度级别和母材相匹配选用。两种不同钢号的材料焊接时，宜采用与强度较低钢号匹配的焊条或焊丝焊剂。承受较强地震作用的构件与节点的焊接连接，宜选用低氢型焊条。

2.3　复合墙板

对于镶嵌复合墙板装配式钢结构而言，复合墙板类型在第1章第3节中已进行阐述。

其中，石膏板的材料应符合《纸面石膏板》(GB/T 9775—2008)的规定；定向刨花板的材料应符合《定向刨花板》(LY/T 1580—2010)的规定；胶合板的材料应符合《普通胶合板》(GB/T 9846—2015)的规定；压型钢板应符合《建筑用压型钢板》(GB/T 12755—2008)的规定；当局部采用水泥木屑板、水泥纤维板作墙板时，其材料应符合生产企业相应标准的要求。

保温材料、防水材料、屋面及外墙饰面等围护材料应符合国家、行业或企业有关标准规定的性能要求。粘胶、胶带、硅胶等粘接密封材料均应符合国家、行业或企业有关标准的规定，并提供质保书或试验论证资料。当采用进口材料时，除应经商检外，还要进行复检，复检结果应符合供货国或生产国相应标准的要求。

本节重点介绍装配式钢结构中常用的 GRC 复合墙板和 ALC 复合墙板，其他复合墙板不再赘述[可参考陈福广主编，中国建材工业出版社出版的《新型墙体材料手册》(第 2 版)]。

2.3.1 GRC 复合墙板

GRC 复合墙板具有高强度、高韧性、高抗渗性、高防火与高耐候性，并具有良好的绝热和隔声性能。生产 GRC 复合外墙板的面层材料与其他 GRC 制品相同。芯层既可用现配、现浇的水泥膨胀珍珠岩拌合料，也可使用预制的绝热材料(如岩棉板、聚苯乙烯泡沫塑料板等)。一般采用反打成型工艺，成型时墙板的饰面朝下与模板表面接触，故墙板的饰面质量效果好。墙板的 GRC 面层一般用直接喷射法制作，内置的钢筋混凝土肋由焊好的钢筋骨架与用硫铝酸盐早强水泥配制的 C30 豆石混凝土制成。GRC 复合外墙板的规格与主要技术性能见表 2.3。

表 2.3 GRC 复合外墙板的规格与主要技术性能

一般规格			技术性能		备注
长度/mm	宽度/mm	厚度/mm	项目	指标	
2500/2700	3000/6000	120/370	抗弯强度/MPa	16.0～20.0	GRC 面层
			抗拉强度/MPa	6.0～7.0	
			抗冲击强度/(J/m^2)	1.5～2.0	
			表观密度/(kg/m^3)	1700～1900	
			耐火极限/h	4.4	墙板
			热阻/($m^2 \cdot K/W$)	0.933	GRC 上、下面层各为 10 mm 厚，水泥珍珠岩芯层 100 mm 厚

目前北方地区使用的 GRC 外墙保温板，板长 2400～2700 mm，宽 950 mm，板厚有 50 mm 和 60 mm 两种，前者用于与 240 mm 厚的实心黏土砖外墙复合，后者用于与 200 mm 厚的混凝土外墙复合，两者均能达到节能 50%的要求。GRC 外墙内保温板绝热性能优良，

用GRC外墙内保温板与240 mm厚实心黏土砖外墙或200 mm厚混凝土外墙复合，保温效果均优于620 mm厚的实心黏土砖墙。GRC外墙内保温板复合墙体的设计施工要求可参照北京市《外墙内保温构造图集(二)》(京95SJ9)。

P-GRC外墙内保温板，全称玻璃纤维增强聚合物水泥聚苯乙烯复合外墙内保温板，是以聚合物乳液、水泥、砂配置成的砂浆作面层，用耐碱玻璃纤维网格布作增强材料，以自熄性聚苯乙烯泡沫塑料板为芯材制成的夹芯式内保温板，简称"P-GRC外墙内保温板"。P-GRC外墙内保温板既可用于黏土砖外墙或混凝土外墙的内侧保温，也可以用于上述墙体的外侧保温。生产P-GRC外墙内保温板的水泥要求强度等级为52.5的硫铝酸盐或铁铝酸盐水泥，其他主要原材料包括聚合物乳液、砂、玻璃纤维网格布以及聚苯乙烯泡沫塑料板等。

P-GRC外墙内保温板板长为900～1500 mm，宽595 mm，板厚有40 mm和50 mm两种。P-GRC外墙内保温板性能指标见表2.4。

表2.4 P-GRC外墙内保温板性能指标

项目	单位	指标
密度(面层)	kg/m^3	≤1600
热导率(面层)	W/(m·K)	<0.44
板重	kg/m^2	≤25
抗压强度(面层)	MPa	≥10
抗弯荷载	N	≥1.8*G*
抗冲击		冲击10次，背面无裂纹
收缩率	%	≤0.08
含水率	%	≤10
软化系数		>0.80

注：① *G*为板材质量。

② 砂袋重5 kg，落差0.5 m。

P-GRC外墙内保温板的安装全部采用聚合物型黏结剂，墙体构造节点可参照北京市《外墙内保温构造图集(二)》(京95SJ9)中的有关内容处理。

2.3.2 ALC复合墙板

ALC是高性能蒸压加气混凝土的一种。ALC板既可作墙体材料，又可作屋面板，是一种性能优越的新型建材。其功能主要有：强度高、质量轻、保温隔热性能好、隔音性能较好、耐火性能较好、耐久性好、抗冻性好、抗渗性好、绿色环保等特点[7]。ALC板运达施工现场可以直接进行现场组装拼接，属干法施工，不需要双面抹灰，因此安装施工速度很快。

ALC 复合保温板设计中应充分考虑材料的热物理性能，合理地进行热工设计。ALC 板中涂有防锈剂的钢筋与加气混凝土的黏结强度不得小于 2.8 N/mm^2。板上不得出现影响结构耐久性的裂缝、缺损和扭曲等。安装时 ALC 板的含水率宜小于 25%。

ALC 板材应用热物理参数见表 2.5。

表 2.5　ALC 板材应用热物理参数

热物理参数	导热系数(干) /(W/m·K)	蓄热系数(气干) /(W/m^2·K)	比热 /(kJ/ kg·K)	蒸汽渗透系数 /(g/m·h·Pa)
物理量	0.13	2.79	1.13	0.8×10^{-4}

ALC 板材导热系数和蓄热系数计算取值见表 2.6。

表 2.6　ALC 板材导热系数和蓄热系数计算取值

围护结构类别	体积密度 /(kg/m^3)	含水率 5.5%		接缝影响系数	潮湿影响系数
		导热系数 λ /(W/m·K)	蓄热系数 S_{24} /(W/m^2·K)		
单一结构	500±20	0.13	2.79	1.1	—
密封的屋面板	500±20	0.13	2.79	—	1.15

ALC 板材导热系数和含水率的关系见图 2.3。

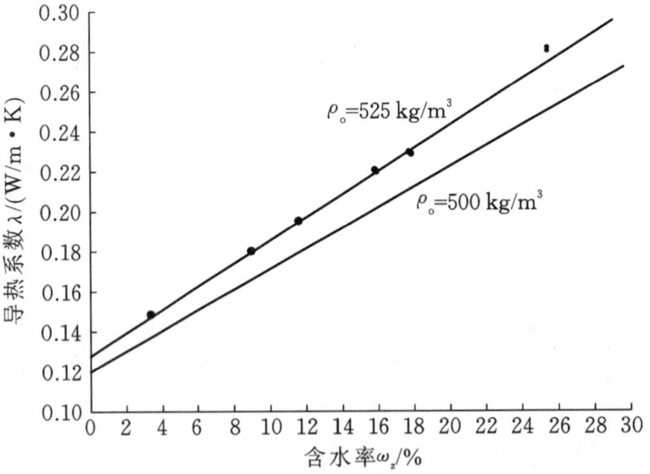

图 2.3　ALC 板材导热系数和含水率关系图

ALC 板隔墙隔声性能和耐火性能见表 2.7、表 2.8。

表 2.7　ALC 板隔墙隔声性能

构造示意	不同频率隔声量/dB						加权平均隔声量/dB
	125	250	500	1000	2000	4000	
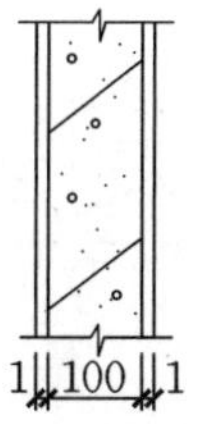	32.6	33.2	35.3	41.0	49.0	56.6	40.8
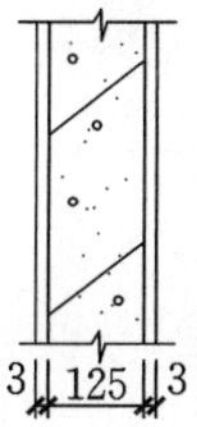	32.1	33.9	38.2	48.5	55.6	60.7	45.1
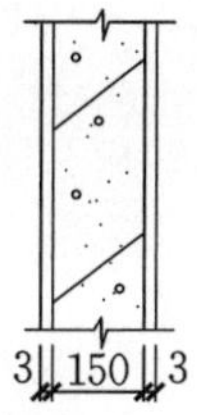	36.2	35.3	38.2	48.9	56.8	62.6	45.6
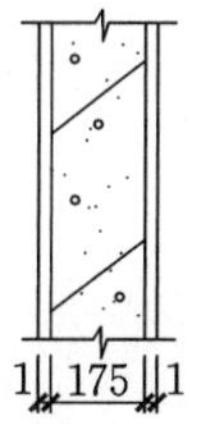	34.6	37.3	41.3	53.8	58.7	64.8	48.1
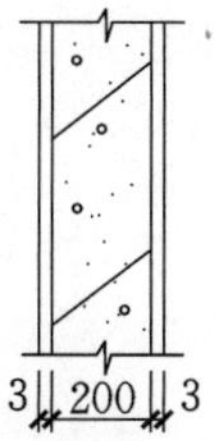	35.8	41.9	41.2	54.4	60.4	60.4	49.1

表 2.8　ALC 板耐火性能

用途	ALC 板厚度/mm	耐火极限/h
墙	50	1.57
	75	2.25
	100	4
	150	>4

第3章　建筑设计

预制装配式建筑对传统的建设模式和生产方式产生了深刻的影响，影响装配式建筑实施的因素有技术水平、生产工艺、管理水平、生产能力、运输条件、建设周期等方面。装配式建筑为一体化设计，各专业间互为条件，互相制约，大量施工及安装工作（内装、幕墙、机电）需在前期设计时精准确定（预制构件中预埋），必须通过最大限度配合实现最优方案。因此，需要建设、设计、生产和施工等单位精心配合，协同工作。本章主要讲述镶嵌复合墙板装配式钢结构建筑设计的一般规定和要求，建筑物耐火、防腐蚀、热工等性能应满足的要求。在传统钢结构体系的基础上，运用标准化的设计理念，基于一定的建筑模数通过将部品部件通用化，进行建筑平面与空间的标准化设计。

3.1　装配式钢结构设计特点

与现浇结构建筑的建设流程相比，装配式钢结构的设计工作呈现以下五个方面的特征[8-15]：

（1）流程精细化：预制装配式建筑的建设流程更全面、更综合、更精细，在传统的设计流程的基础上，增加了前期技术策划和预制构件加工图设计两个设计阶段。

（2）设计模数化：模数化是建筑工业化的基础，通过建筑模数的控制可以实现建筑、构件、部品之间的统一，从模数化协调到模块化组合，进而使预制装配式建筑向标准化设计迈进。

（3）配合一体化：在预制装配式建筑设计阶段，各专业和构配件厂家应充分配合，建筑、结构、给水排水、暖通空调、电气、智能化和燃气等专业之间进行协同设计。做到主体结构、预制构件、设备管线、装修部品和施工组织的一体化协作，优化设计成果。建立信息化协同平台，共享数据信息，实现建设全过程的管理和控制，以满足建筑全生命期的使用维护要求。

（4）成本精准化：预制装配式建筑的设计成果直接作为构配件生产加工的依据，并且在同样的装配率条件下，预制构件的不同拆分方案也会给投资带来较大的变化，因此设计的合理性直接影响项目的成本。

（5）技术信息化：BIM 是利用数字技术表达建筑项目几何、物理和功能信息以支持项目全生命期决策、管理、建设、运营的技术和方法。建筑设计可采用 BIM 技术，提高预制构件设计完成度与精确度。

在预制装配式建筑设计过程中，可将设计工作环节细分为几个阶段，即技术策划阶段、初步设计阶段、施工图设计阶段以及构件加工图设计阶段。装配式建筑详细设计流程可参考图 3.1，每个阶段的设计要点分述如下：

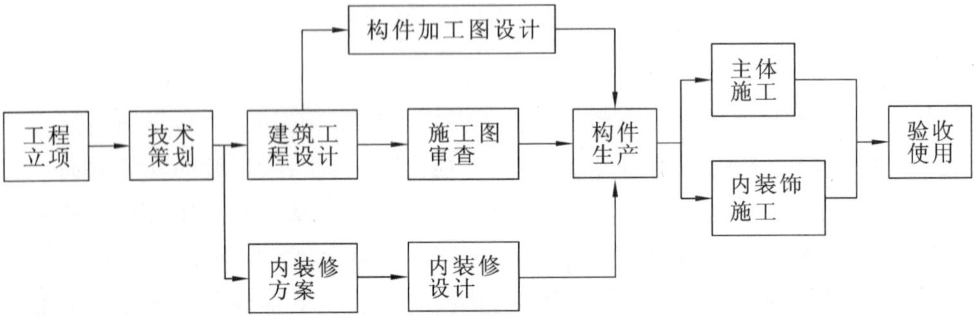

图 3.1 装配式建筑详细设计流程

(1) 技术策划阶段：前期技术策划对预制装配式建筑的实施起到十分重要的作用，设计单位应在充分了解项目定位、建设规模、产业化目标、成本限额、外部条件等影响因素的情况下，制订合理的技术路线，提高预制构件的标准化程度，并与建设单位共同确定技术实施方案，为后续的设计工作提供设计依据。

(2) 初步设计阶段：应联合各专业的技术要点进行协同设计，结合规范确定建筑底部现浇加强区的层数，优化预制构件种类，充分考虑设备专业管线预留预埋，进行专项的经济性评估，分析影响成本的因素，制订合理的技术措施。

(3) 施工图设计阶段：按照初步设计阶段制订的技术措施进行设计。各专业根据预制构件、内装部品、设备设施等生产企业提供的设计参数，在施工图中充分考虑各专业预留预埋要求。建筑专业应考虑连接节点处的防水、防火、隔声等设计。

(4) 构件加工图设计阶段：构件加工图纸可由设计单位与预制构件加工厂配合设计完成，建筑专业可根据需要提供预制构件的尺寸控制图。除对预制构件中的门窗洞口、机电管线等进行精确定位外，还要考虑生产运输和现场安装时吊钩的预埋，以及临时固定设施安装孔的预留。

预制装配式建筑的规划设计在满足采光、通风、间距、退线等规划要求的情况下，宜优先采用由套型模块组合的住宅单元进行规划设计。以安全、经济、合理为原则，考虑施工组织流程，保证各施工工序的有效衔接，以提高施工效率。由于预制构件需要在施工过程中运至塔吊所覆盖的区域内进行吊装，因此在总平面设计中应充分考虑运输通道的设置，合理布置预制构件临时堆场的位置与面积，选择适宜的塔吊位置和吨位，塔吊位置的最终确定应根据现场施工方案进行调整，以精确控制构件运输环节，提高场地使用效率，确保施工组织便捷及安全。

3.2 建筑性能

镶嵌复合墙板装配式钢结构建筑应符合国家有关现行标准对建筑耐火性能、防腐性能、隔声性能、热工性能等的规定。

(1) 耐火性能

镶嵌复合墙板装配式钢结构建筑的耐火等级应符合现行国家标准《建筑设计防火规范》(GB 50016—2014)(2018年版)的有关规定。

(2) 防腐性能

钢构件应根据环境条件、材质、部位、结构性能、使用要求、施工条件和维护管理条件等进行防腐蚀设计,并应符合现行行业标准《建筑钢结构防腐蚀技术规程》(JGJ/T 251—2011)的有关规定。

(3) 隔声性能

镶嵌复合墙板装配式钢结构建筑应根据功能部位、使用要求等进行隔声设计,在易形成声桥的部位应采用柔性连接或间接连接等措施,并应符合现行国家标准《民用建筑隔声设计规范》(GB 50118—2010)的有关规定。

(4) 热工性能

镶嵌复合墙板装配式钢结构建筑的热工性能应符合现行国家及行业标准《民用建筑热工设计规范》(GB 50176—2016)、《公共建筑节能设计标准》(GB 50189—2015)、《严寒和寒冷地区居住建筑节能设计标准》(JGJ 26—2018)、《夏热冬冷地区居住建筑节能设计标准》(JGJ 134—2010)和《夏热冬暖地区居住建筑节能设计标准》(JGJ 75—2012)的有关规定。

3.3 模数协调

镶嵌复合墙板装配式钢结构建筑平面设计应遵循模数协调原则,采用模块化、标准化设计,优化套型模块的尺寸和种类,实现住宅预制构件和内装部品的标准化、系列化和通用化,将建筑结构系统、外围护系统、设备与管线系统和内装系统进行集成。镶嵌复合墙板装配式钢结构建筑设计应符合现行国家标准《建筑模数协调标准》(GB/T 50002—2013)的有关规定。

(1) 建筑的开间与柱距、进深与跨度、门窗洞口宽度等宜采用水平扩大模数数列 $2n$M、$3n$M(n 为自然数);建筑的层高和门窗洞口高度等宜采用竖向扩大模数数列 nM。

(2) 梁、柱、墙、板等部件的截面尺寸宜采用竖向扩大模数数列 nM。

(3) 构造节点和部品部件的接口尺寸宜采用分模数数列 nM/2、nM/5、nM/10。

镶嵌复合墙板装配式钢结构建筑的开间、进深、层高、洞口等的优先尺寸，应根据建筑类型、使用功能、部品部件生产与装配要求等确定。部品部件尺寸及安装位置的公差协调，应根据生产装配要求、主体结构层间变形、密封材料变形能力、材料干缩、温差变形、施工误差等确定。

3.4 标准化设计

镶嵌复合墙板装配式钢结构标准化设计是在传统钢结构体系的基础上，运用标准化的设计理念，通过将部品部件通用化，将装配式建筑的四大系统（建筑结构系统、外围护系统、设备与管线系统、内装系统）高度集成，并加上全装修，构建的新型装配式钢结构建筑体系。主要标准部件包括：主体结构采用的箱形钢柱、H 形钢梁，以及预制钢楼梯、GRC 楼面板、GRC 保温一体屋面板；外围护结构采用的 GRC 保温一体外墙板；内隔墙采用的 GRC 内墙板。

装配式钢结构建筑应采用模块及模块组合的设计方法，遵循少规格、多组合的原则，采用楼电梯、公共卫生间、公共管井、基本单元等模块进行组合设计。基本单元包括集成式厨房、集成式卫生间等模块。此外，镶嵌复合墙板装配式钢结构建筑的部品部件应采用标准化接口。

3.5 建筑平面与空间

镶嵌复合墙板装配式钢结构建筑平面与空间的设计，应满足结构构件布置、立面基本元素组合及可实施性等要求。建筑平面宜选用大空间的平面布局方式，合理布置承重墙及管井位置，实现住宅空间布置的灵活性、可变性。通过合理的结构选型，减少套内承重墙体的出现，使用工业化生产且易于拆改的内隔墙划分套内功能空间[9]。

3.5.1 建筑平面

镶嵌复合墙板装配式钢结构建筑平面设计应符合下列规定：

(1) 结构柱网布置、抗侧力构件布置、次梁布置应与功能空间布局及门窗洞口位置协调。

(2) 平面几何形状宜规则平整，平面凹凸变化不宜过多、过深，并宜以连续柱跨为基础布置，柱距尺寸应按模数统一。

(3)设备管井宜与楼电梯井结合，集中设置。

3.5.2　建筑立面

建筑立面应利用标准化、模块化、系列化的套型组合特点进行设计，预制外墙板可采用不同饰面材料展现不同肌理与色彩的变化，通过不同外墙构件的灵活组合，实现富有工业化建筑特征的立面效果[16-18]。预制装配式建筑外墙构件主要包括装配式混凝土外墙板、门窗、阳台、空调板和外墙装饰构件等。可以充分发挥装配式混凝土剪力墙结构住宅外墙构件的装饰作用，进行立面多样化设计。镶嵌复合墙板装配式钢结构建筑立面设计应符合下列规定：

(1) 外立面造型变化不宜过多，外墙、阳台板、空调板、外窗、遮阳设施及装饰等部品部件宜进行标准化设计。

(2) 宜通过建筑体量、材质肌理、色彩等变化，形成丰富多样的立面效果。

(3) 镶嵌复合墙板装配式钢结构建筑应根据建筑功能、主体结构、设备管线及装修等要求，确定合理的层高及净高尺寸。

第4章　结构设计

镶嵌复合墙板装配式钢结构的设计方法与其他结构的设计方法相同,都是以概率理论为基础的极限状态设计方法。结构设计内容主要包括结构体系的选择、结构的平面与竖向布置、满足正常使用功能条件下的内力与变形限制等内容。本章主要介绍了镶嵌复合墙板装配式钢结构在进行结构设计时,应满足的一般规定、结构的布置原则与结构体系、结构的各项设计指标等内容。

4.1　一般规定

在进行装配式钢结构体系设计时,应在满足建筑功能的前提下,选择形式较为简单、规则的平面及立面布置,且在布置方案设计时需要经多次计算,以优化最终效果。装配式钢结构的结构设计部分应包括:①结构方案设计,包括结构选型、构件布置;②材料选用及截面选择;③作用及作用效应分析;④结构的极限状态验算;⑤结构构件连接的构造;⑥构件制作、运输、安装、防腐和防火等要求;⑦满足特殊要求结构的专门性能设计。

4.1.1　设计理论

装配式钢结构除进行疲劳计算和抗震设计外,还应采用以概率理论为基础的极限状态设计方法,用分项系数设计表达式进行分析计算。除疲劳设计采用容许应力法外,结构应按承载能力极限状态和正常使用极限状态进行设计。按承载能力极限状态设计钢结构时,应考虑荷载效应的基本组合,必要时尚应考虑荷载效应的偶然组合;按正常使用极限状态设计钢结构时,应考虑荷载效应的标准组合。此外,装配式钢结构建筑的结构设计应符合现行国家标准《工程结构可靠性设计统一标准》(GB 50153—2008)的规定,结构的设计使用年限不应少于50年,其安全等级不应低于二级。装配式钢结构建筑荷载和效应的标准值、荷载分项系数、荷载效应组合、组合值系数应符合现行国家标准《建筑结构荷载规范》(GB 50009—2012)的规定。

钢结构构造和连接应符合计算模型和计算假定的条件。当按空间模型计算时,楼(屋)盖应采用平面刚性的组合楼盖结构。框架梁、柱或柱脚的刚性连接节点,应采用受力过程中保证刚接构件交角不变的构造,墙体和框架的连接构造应符合墙体不参与抗侧力工作的假定。

此外，装配式钢结构设计应符合工厂化、装配化的要求，并充分考虑便于材料供货、加工与安装和减少现场作业（特别是湿作业）的需求。同一工程中，应通过优化设计，提高构件和节点的标准化和通用化程度，减少材料和构造做法的类别。

4.1.2 抗震设计

装配式钢结构建筑应按现行国家标准《建筑工程抗震设防分类标准》（GB 50223—2008）的规定确定其抗震设防类别，并应按现行国家标准《建筑抗震设计规范》（GB 50011—2010）（2016年版）进行抗震设计。其承重结构承载力应符合下式要求，同时结构设计尚应满足抗震设防各项构造措施的要求：

$$S_E \leqslant R/\gamma_{RE} \tag{4.1}$$

式中 S_E——考虑多遇地震作用时，荷载和地震作用效应组合的设计值；

R——结构构件承载力设计值；

γ_{RE}——承载力抗震调整系数，按现行国家标准《建筑抗震设计规范》（GB 50011—2010）（2016年版）采用。

当抗震设防烈度为8度及以上时，装配式钢结构建筑可采用隔震或消能减震结构，并应按国家现行标准《建筑抗震设计规范》（GB 50011—2010）（2016年版）和《建筑消能减震技术规程》（JGJ 297—2013）的规定执行。

装配式钢结构建筑抗震设计时，构件之间的连接设计应符合构造要求，并应按弹塑性设计，连接的极限承载力应大于构件的全塑性承载力。构件的连接宜采用螺栓连接，也可采用焊接。有可靠依据时，梁柱可采用全螺栓的半刚性连接，此时结构计算应计入节点转动对刚度的影响。

4.1.3 结构体系选择

合理地选择结构体系，保证结构具有必要的承载能力、刚度与变形能力，并满足住宅建筑的使用功能。钢结构体系的选择应在满足建筑及工艺需求的前提下，综合考虑结构合理性、环境条件、节约投资和资源、材料供应、制作安装便利等因素，并应符合《钢结构设计标准》（GB 50017—2017）的规定。

4.1.4 构件及节点设计

结构构件和节点的设计应做到强柱弱梁、强节点、强连接，防止脆性破坏，并应加强空间整体性，防止结构失稳和倾覆。由抗震作用组合控制截面设计的构件和连接，应严格遵守抗震构造措施的规定。

梁、柱、支撑的主要节点构造和设置位置，应与建筑设计相协调。装配式钢结构的梁、柱节点宜避免采用外环板及框架梁端隅撑的构造；当采用梁端加强型构造时，不应采用梁端加腋的构造。

结构构件宜按下列要求合理选用技术经济性能良好的材料和截面类型：

（1）钢梁宜选用热轧（焊接）H 型钢。多层、中高层或高层建筑钢柱可分别选用 H 型钢、方（矩）形钢管或箱形截面柱。非地震区或 6、7 度地震区的低层、多层钢结构住宅，亦可选用热轧（焊接）薄壁 H 型钢。

（2）混合柱宜采用钢管混凝土柱，技术经济合理时也可采用钢骨混凝土柱。框架梁宜采用 H 型钢。

（3）支撑构件宜采用中心支撑，必要时中高层与高层住宅结构亦可采用偏心支撑、无黏结支撑或钢板剪力墙。多层住宅支撑可采用角钢、槽钢或钢管，高层住宅可采用 H 型钢。

（4）屋盖和楼盖结构宜采用钢-混凝土组合楼盖，其楼板宜采用叠合板；有经济技术依据时，也可采用压型钢板组合楼板。楼板应与主体结构可靠连接，保证楼盖的整体牢固性。抗震设防烈度为 6、7 度且房屋高度不超过 50 m 时，可采用装配式楼板（全预制楼板）或其他轻型楼盖，但应采取下列措施之一保证楼板的整体性：

① 设置水平支撑；

② 采取有效措施保证预制板之间的可靠连接。

（5）内嵌墙板的接缝及其与框架的连接除满足建筑与结构功能要求外，尚应符合抗震构造要求。

（6）地下室和基础应符合下列规定：

① 当建筑高度超过 50 m 时，宜设置地下室；当采用天然地基时，其基础埋置深度不宜小于房屋总高度的 1/15；当采用桩基时，桩承台埋深不宜小于房屋总高度的 1/20。

② 设置地下室时，竖向连续布置的支撑、延性墙板等抗侧力构件应延伸至基础。

③ 当地下室不少于两层，且嵌固端在地下室顶板时，延伸至地下室底板的钢柱脚可采用铰接或刚接。

4.1.5 构件防火耐腐设计

装配式钢结构应进行防火和防腐设计，并应按现行国家标准《建筑设计防火规范》（GB 50016—2014）（2018 年版）及行业标准《建筑钢结构防腐蚀技术规程》（JGJ/T 251—2011）的规定执行。

钢构件的防锈、涂装应有专项设计内容，除遵守相关规范外，尚应符合现行国家标准《冷弯薄壁型钢结构技术规范》（GB 50018—2002）的有关规定。

钢构件的防火设计应符合现行协会标准《建筑钢结构防火技术规范》（CECS 200：2006）的规定，必要时可进行单项工程的性能化抗火设计。

4.2　结构布置与结构体系

4.2.1　结构布置原则

装配式钢结构建筑的结构体系应具有明确的计算简图和合理的传力路径，具有适宜的承载能力、刚度及耗能能力；避免因部分结构或构件的破坏而导致整个结构丧失承受重力荷载、风荷载和地震作用的能力；并且对薄弱部位应采取有效的加强措施。装配式钢结构建筑的结构布置应符合下列规定：

(1) 结构平面布置宜规则、对称，应尽量减少因刚度、质量不对称造成的结构扭转。

(2) 结构竖向布置宜保持刚度、质量变化均匀，避免出现突变和薄弱层。竖向布置支撑时，宜连续布置，并延伸至基础。

(3) 结构布置应考虑温度作用、地震作用或不均匀沉降等效应的不利影响，当设置伸缩缝、防震缝或沉降缝时，应同时满足伸缩、抗震与沉降的功能要求。

4.2.2　结构体系

装配式钢结构建筑可根据建筑功能、建筑高度以及抗震设防烈度等选择结构体系，常见的结构体系在第 1.2.2 节已进行相关阐述。不同结构体系有不同的适用范围，虽然有些结构体系应用范围较广，但通常会受到经济等因素的限制。装配式钢结构体系应在满足建筑及工艺需求的前提下，综合考虑结构合理性、环境条件、材料供应、制作安装等因素，以节约投资和资源。

镶嵌复合墙板装配式钢结构按层数划分一般分为单层装配式钢结构、多高层装配式钢结构。

(1) 单层装配式钢结构

单层装配式钢结构可采用框架-支撑结构。厂房主要由横向、纵向抗侧力体系组成，其中横向抗侧力体系可采用框架结构，纵向抗侧力体系宜采用中心支撑体系，也可采用框架结构。每个结构单元均应形成稳定的空间结构体系。柱间支撑的间距应根据建筑的纵向柱距、受力情况和安装条件确定。当房屋高度相对于柱间距较大时，柱间支撑宜分层设置。屋面板、檩条和屋盖承重结构之间应有可靠连接，一般应设置完整的屋面支撑系统。由于施工过程对主体结构的受力和变形有较大影响，故应进行施工阶段验算。

单层装配式钢结构的布置应符合下列规定：

① 应具备竖向和水平荷载传递路径；

② 应具有刚度和承载力、结构整体稳定性和构件稳定性；

③ 应具有冗余度，避免因部分结构或构件破坏导致整个结构体系丧失承载能力；

④ 隔墙、外围护等宜采用轻质材料。

（2）多高层装配式钢结构

按抗侧力结构的特点，多高层装配式钢结构常用的结构体系可按表4.1分类。

表4.1 多高层装配式钢结构常用体系

结构体系		支撑、墙体和筒形式
框架		—
支撑结构	中心支撑	普通钢支撑，屈曲约束支撑
框架-支撑	中心支撑	普通钢支撑，屈曲约束支撑
	偏心支撑	普通钢支撑
框架-剪力墙板		钢板墙，延性墙板
筒体结构	筒体	普通桁架筒
	框架-筒体	密柱深梁筒
	筒中筒	斜交网格筒
	束筒	剪力墙板筒
巨型结构	巨型框架	—
	巨型框架-支撑	

注：为增加结构刚度，高层装配式钢结构可设置伸臂桁架或环带桁架，伸臂桁架设置处宜同时设置环带桁架。伸臂桁架应贯穿整个楼层，伸臂桁架与环带桁架构件的尺寸应与相连构件的尺寸相协调。

多高层装配式钢结构布置应符合下列原则：

① 建筑平面宜简单、规则，结构平面布置宜对称，水平荷载的合力作用线宜接近抗侧力结构的刚度中心；高层钢结构两个主轴方向动力特性宜相近。

② 结构竖向体型宜规则、均匀，竖向布置宜使侧向刚度和受剪承载力沿竖向均匀变化。

③ 高层建筑不应采用单跨框架结构，多层建筑不宜采用单跨框架结构。

④ 高层钢结构宜选用风压和横风向振动效应较小的建筑体型，并应考虑相邻高层建筑对风荷载的影响。

⑤ 支撑布置平面上宜均匀、分散，沿竖向宜连续布置，设置地下室时，支撑应延伸至基础或在地下室相应位置设置剪力墙；支撑无法连续设置时，应适当错开支撑并加强错开支撑之间的上下楼层水平刚度。

不同的结构安装方式会导致结构刚度形成的路径不同，进而影响结构最终成形时的内力和变形。结构分析中，应充分考虑这些因素，必要时进行施工模拟分析。

4.3 结构设计要求

4.3.1 适用高度

重点设防类和标准设防类多高层装配式钢结构建筑适用的最大高度应符合表4.2的规定。

表4.2 多高层装配式钢结构适用的最大高度 单位:m

结构体系	6度	7度		8度		9度
	(0.05g)	(0.10g)	(0.15g)	(0.20g)	(0.30g)	(0.40g)
钢框架结构	110	110	90	90	70	50
钢框架-中心支撑结构	220	220	200	180	150	120
钢框架-偏心支撑结构 钢框架-屈曲约束支撑结构 钢框架-延性墙板结构	240	240	220	200	180	150

注:① 房屋高度指室外地面到主要屋面板板顶的高度(不包括局部突出屋顶部分);
② 超过表内高度的房屋,应进行专门研究和论证,采取有效的加强措施;
③ 柱子可采用钢柱或钢管混凝土柱;
④ 特殊设防类,6、7、8度时宜按本地区抗震设防烈度提高一度后符合本表要求,9度时应进行专门研究。

多高层装配式钢结构建筑的高宽比不宜大于表4.3的规定。

表4.3 多高层装配式钢结构建筑适用的最大高宽比

抗震设防烈度	6度	7度	8度	9度
最大高宽比	6.5	6.5	6.0	5.5

注:① 计算高宽比的高度从室外地面算起;
② 当塔形建筑底部有大底盘时,计算高宽比的高度从大底盘顶部算起。

4.3.2 结构位移

在风荷载或多遇地震标准值作用下,弹性层间位移角不宜大于1/250(采用钢管混凝土柱时不宜大于 1/300)。装配式钢结构住宅在风荷载标准值作用下的弹性层间位移角尚不应大于 1/300,屋顶水平位移与建筑高度之比不宜大于 1/450。

4.3.3 舒适度

高度不小于 80 m 的装配式钢结构住宅以及高度不小于 150 m 的其他装配式钢结构建筑应进行风振舒适度验算。在现行国家标准《建筑结构荷载规范》(GB 50009—2012)规定的 10 年一遇的风荷载标准值作用下,结构顶点的顺风向和横风向振动最大加速度计算值 $a_{\lim}$ 不应大于表 4.4 中的限值。结构顶点的顺风向和横风向振动最大加速度,可按现行国家标准《建筑结构荷载规范》(GB 50009—2012)的有关规定计算,也可通过风洞试验结果确定。计算时钢结构阻尼比宜取 0.01～0.015。

表 4.4 结构顶点的顺风向和横风向风振加速度限值 $a_{\lim}$

使用功能	$a_{\lim}$
住宅、公寓	0.20 m/s²
办公、旅馆	0.28 m/s²

4.3.4 整体稳定性

多高层装配式钢结构建筑的整体稳定性应符合下列规定:

(1) 框架结构应符合下列规定:

$$D_i \geqslant 5\sum_{j=i}^{n} G_j/h_i \quad (i=1,2,\cdots,n) \tag{4.2}$$

(2) 框架-支撑结构、框架-延性墙板结构、筒体结构、巨型结构和交错桁架结构应符合下式规定:

$$EJ_{\mathrm{d}} \geqslant 0.7H^2\sum_{i=1}^{n} G_i \tag{4.3}$$

式中 D_i——第 i 楼层的抗侧刚度(kN/mm),可取该层剪力与层间位移的比值;

h_i——第 i 楼层层高(mm);

G_i,G_j——第 i,j 楼层重力荷载设计值(kN),取 1.2 倍的永久荷载标准值与 1.4 倍的楼面可变荷载标准值的组合值;

H——房屋高度(mm);

EJ_{d}——结构一个主轴方向的弹性等效侧向刚度(kN·mm²),可按倒三角形分布荷载作用下结构顶点位移相等的原则,将结构的侧向刚度折算为竖向悬臂受弯构件的等效侧向刚度，当延性墙板采用混凝土墙板时，刚度应适当折减。

4.3.5 钢框架与钢框架-支撑结构设计要求

由于镶嵌墙板装配式钢结构常见结构体系为钢框架结构体系，因此本小节重点讲述这两种结构体系在镶嵌复合墙板装配式钢框架结构设计中的要点。

4.3.5.1 钢框架结构设计要求

钢框架结构的设计应符合下列规定：

(1) 钢框架结构(图 4.1)设计应符合国家现行有关标准的规定，高层装配式钢结构建筑尚应符合现行行业标准《高层民用建筑钢结构技术规程》(JGJ 99—2015)的规定。

图 4.1 钢框架结构

(2) 梁柱连接可采用带悬臂梁段、翼缘焊接腹板栓接或全焊接连接形式[图 4.2(a)至图 4.2(d)]；抗震等级为一、二级时，梁与柱的连接宜采用加强型连接[图 4.2(c)、图 4.2(d)]；当有可靠依据时，也可采用端板螺栓连接的形式[图 4.2(e)]。

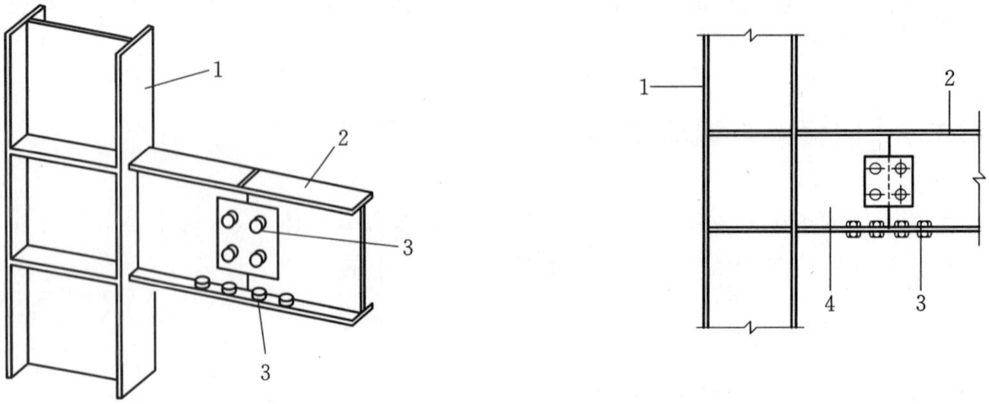

（a）

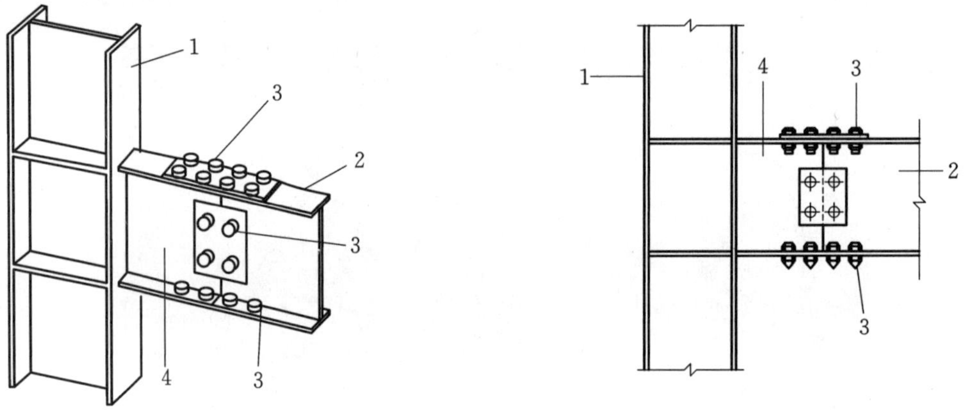

（b）

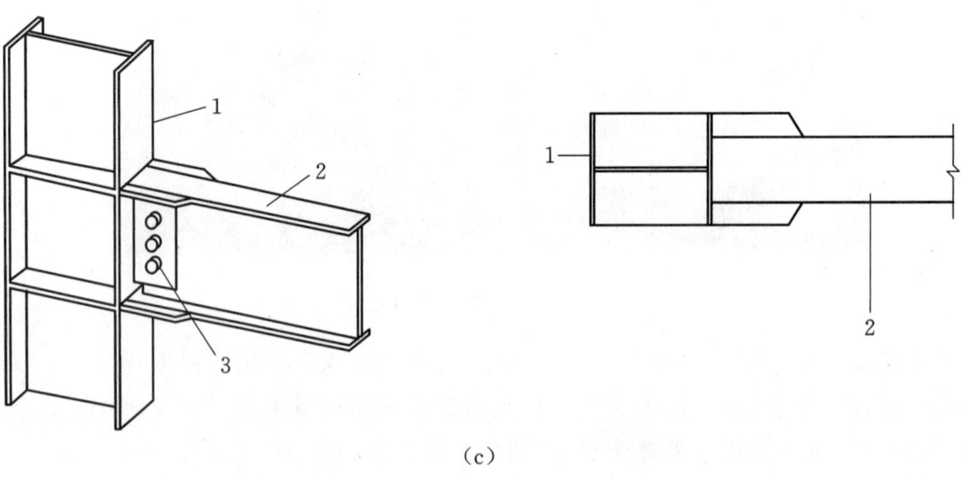

（c）

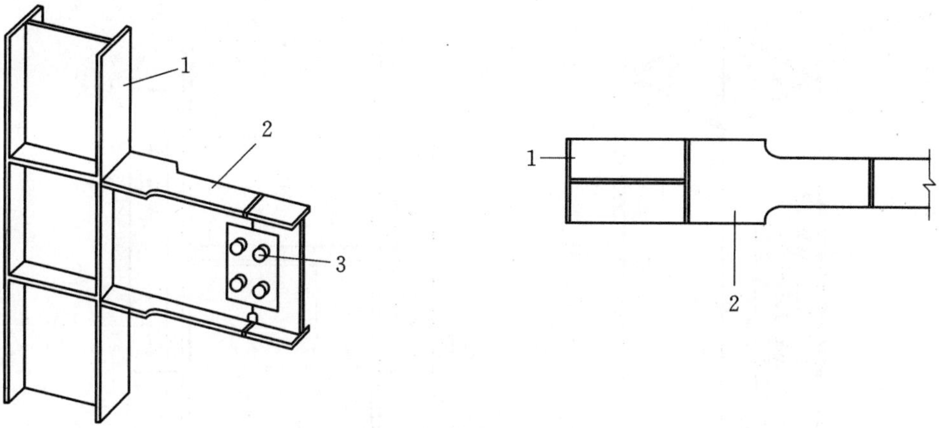

(d)

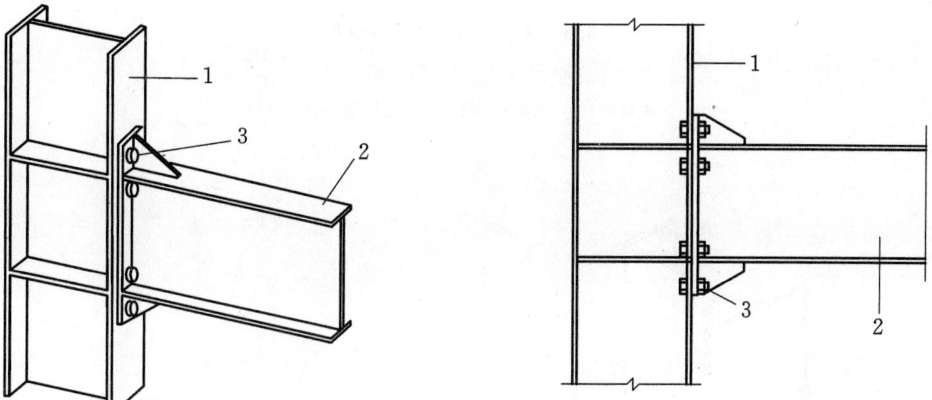

(e)

图 4.2　梁柱连接节点

(a) 带悬臂梁段的栓焊连接；(b) 带悬臂梁段的螺栓连接；(c) 梁翼缘局部加宽式连接；

(d) 梁翼缘扩翼式连接；(e) 外伸式端板螺栓连接

1—柱；2—梁；3—高强度螺栓；4—悬臂段

(3) 钢柱的拼接可采用焊接或螺栓连接的形式(图 4.3、图 4.4)。

(4) 在可能出现塑性铰处，梁的上下翼缘均应设侧向支撑(图 4.5)，当钢梁上铺设装配整体式或整体式楼板且进行可靠连接时，上翼缘可不设侧向支撑。

(5) 框架柱截面可采用异形组合截面，其设计要求应符合国家现行标准的规定。

(6) 内嵌保温板钢框架结构，可将填充墙等效为斜向支撑，用以等效填充墙对钢框架结构的刚度贡献。

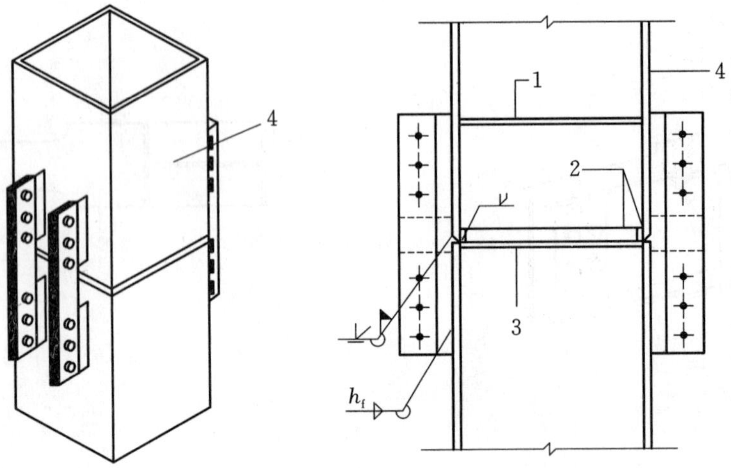

(a) (b)

图 4.3　箱形钢柱的焊接连接

(a) 轴测图；(b) 侧视图

1—上柱隔板；2—焊接衬板；3—下柱顶端隔板；4—柱

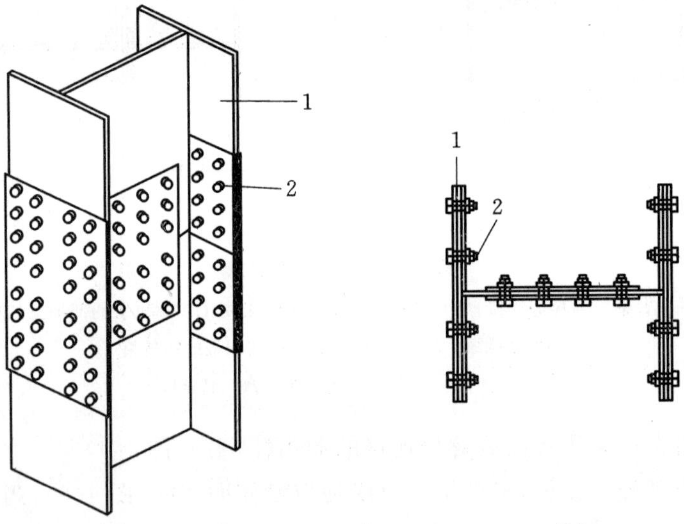

(a) (b)

图 4.4　H 形钢柱的螺栓连接

(a) 轴测图；(b) 俯视图

1—柱；2—高强度螺栓

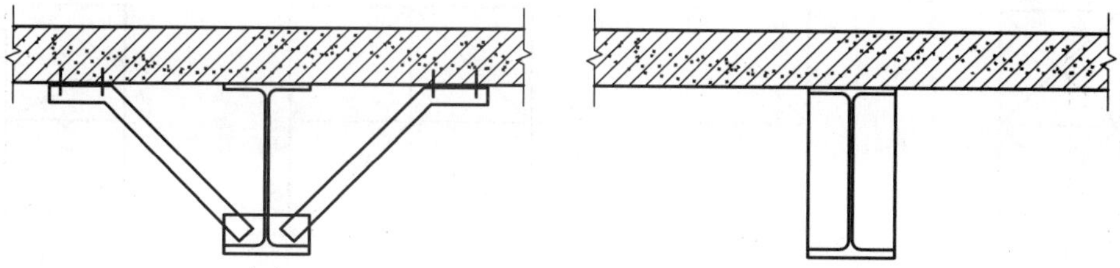

图 4.5　梁下翼缘侧向支撑

(a) 侧向支撑为隅撑；(b) 侧向支撑为加劲肋

4.3.5.2　钢框架-支撑结构设计要求

钢框架-支撑结构的设计应符合下列规定：

(1) 钢框架-支撑结构(图 4.6)设计应符合国家现行标准的有关规定，高层装配式钢结构建筑的设计尚应符合现行行业标准《高层民用建筑钢结构技术规程》(JGJ 99—2015)的规定。

图 4.6　钢框架-支撑结构

(2) 高层民用建筑钢结构的中心支撑宜采用十字交叉斜杆[图 4.7(a)]、单斜杆[图 4.7(b)]、人字形斜杆[图 4.7(c)]或 V 形斜杆体系，不得采用 K 形斜杆体系[图 4.7(d)]；中心支撑斜杆的轴线应交汇于框架梁柱的轴线上。

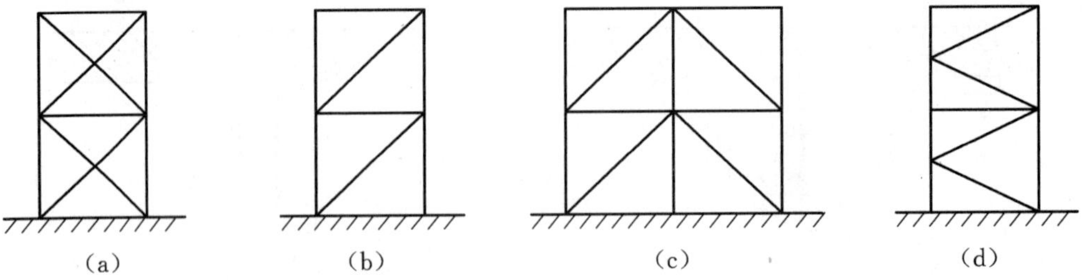

图 4.7　中心支撑类型

(a) 十字交叉斜杆；(b) 单斜杆；(c) 人字形斜杆；(d) K 形斜杆

(3) 偏心支撑框架中的支撑斜杆，应至少有一端与梁连接，并在支撑与梁交点和柱之间，或支撑同一跨内的另一支撑与梁交点之间形成消能梁段(图 4.8)。

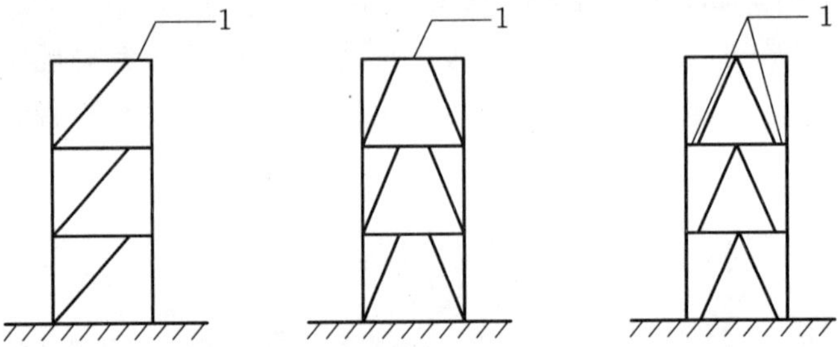

图 4.8　偏心支撑框架立面图

1—消能梁段

(4) 抗震等级为四级时，支撑可采用拉杆设计，其长细比不应大于 180；拉杆设计的支撑应同时设不同倾斜方向的两组单斜杆，且每层不同倾斜方向单斜杆的截面面积在水平方向的投影面积之差不得大于 10%。

(5) 当支撑翼缘朝向框架平面外，且采用支托式连接时[图 4.9(a)、图 4.9(b)]，其平面外计算长度可取轴线长度的 70%；当支撑腹板位于框架平面内时[图 4.9(c)、图 4.9(d)]，其平面外计算长度可取轴线长度的 90%。

(6) 当支撑采用节点板进行连接时(图 4.10)，在支撑端部与节点板约束点连线之间应留有 2 倍节点板厚的间隙，节点板约束点连线应与支撑杆轴线垂直，且应进行下列验算：

① 支撑与节点板间的连接强度验算；

② 节点板自身的强度和稳定验算；

③ 连接板与梁柱间焊缝的强度验算。

对于装配式钢结构建筑，当消能梁段与支撑连接的下翼缘处无法设置侧向支撑时，应采取其他可靠措施保证连接处能够承受不小于梁段下翼缘轴向极限承载力 6% 的侧向集中力。

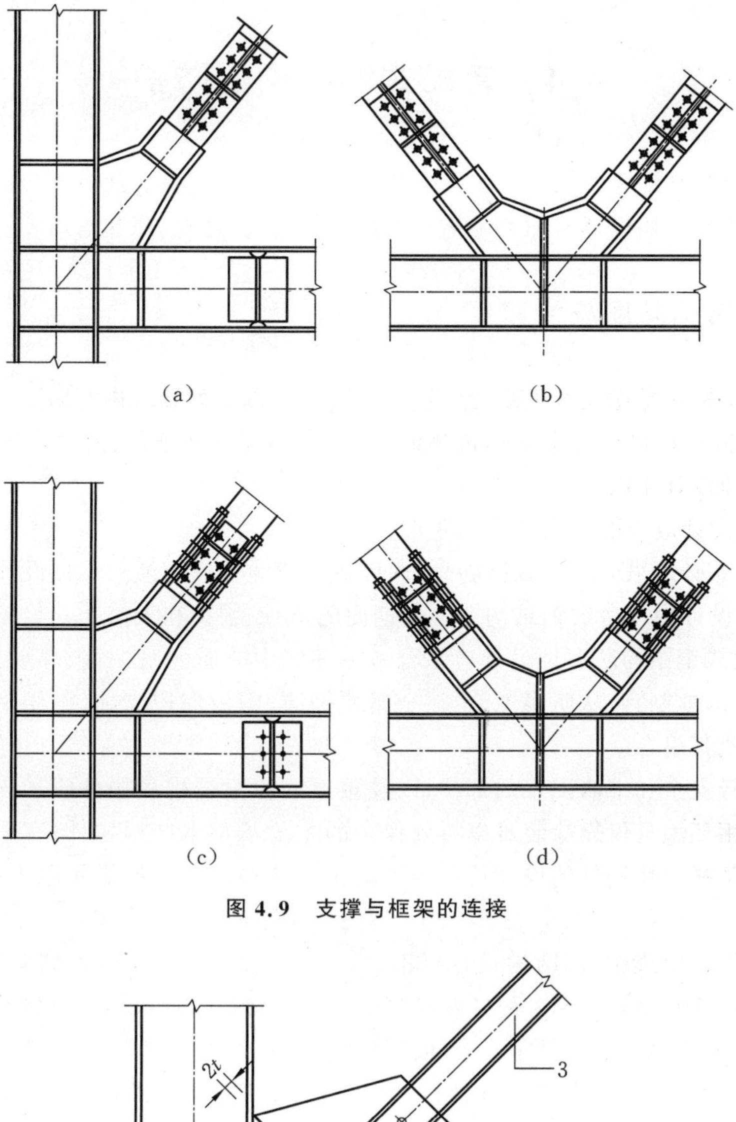

图 4.9　支撑与框架的连接

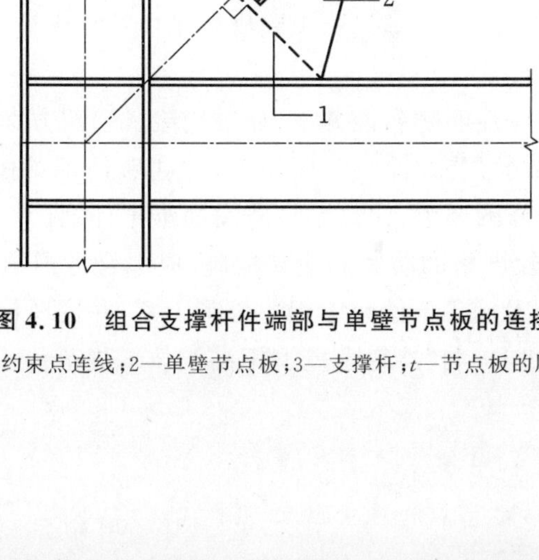

图 4.10　组合支撑杆件端部与单壁节点板的连接

1—约束点连线；2—单壁节点板；3—支撑杆；t—节点板的厚度

4.4 装配式钢结构的防护

镶嵌复合墙板装配式钢结构在正常使用过程中要求具备良好的耐火耐腐蚀及保温隔热性能，因此，在进行结构设计时需要考虑结构层面的防火、防腐、隔热需求。

4.4.1 结构防腐与涂装

装配式钢结构应遵循安全可靠、经济合理的原则，按下列要求进行防腐蚀设计：

① 钢结构防腐蚀设计应根据建筑物的重要性、环境腐蚀条件、施工和维修条件等要求合理确定防腐蚀设计年限；

② 防腐蚀设计应考虑环保节能的要求；

③ 钢结构除必须采取防腐蚀措施外，尚应尽量避免加速腐蚀的不良设计；

④ 防腐蚀设计中应考虑钢结构全生命期内的检查、维护和大修。

此外，装配式钢结构防腐蚀设计应综合考虑环境中介质的腐蚀性、环境条件、施工和维修条件等因素，因地制宜，从防腐蚀涂料、金属保护层、阴极保护措施、耐候钢等方面综合选择防腐蚀方案或其组合。

对危及人身安全和维修困难的部位，以及重要的承重结构和构件应加强防护。对处于严重腐蚀的使用环境且仅靠涂装难以有效保护的主要承重钢结构构件，宜采用耐候钢或外包混凝土。当某些次要构件的设计使用年限与主体结构的设计使用年限不相同时，次要构件应便于更换。

结构防腐设计应遵循《钢结构设计标准》(GB 50017—2017)及《钢结构住宅设计规范》(CECS 261:2009)中相关规定。钢材表面原始锈蚀等级和钢材除锈等级标准应符合现行国家标准《涂覆涂料前钢材表面处理　表面清洁度的目视评定　第1部分:未涂覆过的钢材表面和全面清除原有涂层后的钢材表面的锈蚀等级和处理等级》(GB/T 8923.1—2011)、《涂覆涂料前钢材表面处理　表面清洁度的目视评定　第2部分:已涂覆过的钢材表面局部清除原有涂层后的处理等级》(GB/T 8923.2—2008)的规定。钢结构防腐蚀涂料的配套方案，可根据环境腐蚀条件、防腐蚀设计年限、施工和维修条件等要求设计。修补和焊缝部位的底漆应能适应表面处理的条件。

在钢结构设计文件中应注明防腐蚀方案，如采用涂(镀)层方案，须注明所要求的钢材除锈等级和所要用的涂料(或镀层)及涂(镀)层厚度，并注明使用单位在使用过程中对钢结构防腐蚀进行定期检查和维修的要求，建议制订防腐蚀维护计划。

装配式钢结构应采用较严格的防锈和涂装措施，应综合考虑结构的重要性、环境侵蚀条件、维护条件和使用寿命以及施工条件和工程造价等因素，并按现行国家标准《工业建筑防腐蚀设计规范》(GB 50046—2018)与《冷弯薄壁型钢结构技术规范》(GB 50018—2002)的规定进行防腐涂装设计。设计文件中应包括除锈、涂装要求、使用期内检查维护要求等专项内容。

4.4.2　结构防火设计

装配式钢结构防火保护措施及其构造应根据工程实际，考虑结构类型、耐火极限要求、工作环境等因素，按照安全可靠、经济合理的原则确定。钢构件的设计耐火极限应符合现行国家和行业标准《建筑设计防火规范》(GB 50016—2014)(2018 年版)、《高层民用建筑钢结构技术规程》(JGJ 99—2015)和现行协会标准《钢结构防火涂料应用技术规范》(CECS 24:90)、《建筑钢结构防火技术规范》(CECS 200:2006)中的有关规定。当钢构件的耐火时间不能达到规定的设计耐火极限要求时，应进行防火保护设计，建筑钢结构应按现行国家标准《建筑钢结构防火技术规范》(GB 51249—2017)进行耐火性能验算。

在装配式钢结构设计文件中，应注明结构的设计耐火等级，构件的设计耐火极限、所需要的防火保护措施及其防火保护材料的性能要求。

构件采用防火涂料进行防火保护时，其高强度螺栓连接处的涂层厚度不应小于相邻构件的涂料厚度。

4.4.3　结构隔热

高温工作环境对钢结构的影响主要是温度效应，包括结构的热膨胀效应和高温对钢结构材料力学性能的影响。在进行结构设计时，应通过传热分析确定处于高温环境下的钢结构的温度分布及温度值，在结构分析中应考虑热膨胀效应的影响及高温对钢材的力学性能参数的影响。高温工作环境的设计状况为持久状况，高温作用为可变荷载，设计时应按承载力极限状态和正常使用极限状态设计。

若装配式钢结构的温度超过 100 ℃，进行钢结构的承载力和变形验算时，应该考虑长期高温作用对钢材和钢结构连接性能的影响，进行结构温度作用验算，并应根据不同情况采取防护措施：

① 当钢结构可能受到炽热熔化金属的侵害时，应采用砌块或耐热固体材料做成的隔热层加以保护；

② 当钢结构可能受到短时间的火焰直接作用时，应采用加耐热隔热涂层、热辐射屏蔽等隔热防护措施；

③ 当高温环境下钢结构的承载力不满足要求时，应采取增大构件截面、采用耐火钢或采用有效的隔热降温措施(如加耐热隔热涂层、水套隔热降温措施等)；

④ 当高强度螺栓连接长期受热达 150 ℃以上时，应采用加耐热隔热涂层、热辐射屏蔽等隔热防护措施。

钢结构的隔热保护措施在相应的工作环境下应具有耐久性，并与钢结构的防腐、防火保护措施相容。

第5章　围护系统设计

为保证镶嵌复合墙板装配式钢结构的舒适性，需要对建筑围护系统进行设计。在过去的多年内，由于围护部品的配套资源问题、应用技术问题，造成围护部品选择不当，或者技术上的不成熟，工程师采用的墙体构造不合适，造成外墙出现裂缝或防渗、隔声、保温等问题。实际上若是装配式钢结构建筑部品选择得当、构造合理的围护体系，则其完全可以实现和混凝土剪力墙同等的居住舒适性。这些问题随着建筑围护部品配套的逐步成熟和工程师技术上的进步，正在得到有力改进。

本章对镶嵌复合墙板装配式钢结构建筑屋顶系统和复合墙体系统的功能、设计内容、保温隔热措施等方面进行了相关阐述。

5.1　屋面系统

装配式钢结构建筑屋面应根据现行国家标准《屋面工程技术规范》(GB 50345—2012)中规定的屋面防水等级进行防水设防，并应具有良好的排水功能，宜设置有组织排水系统。装配式钢结构建筑太阳能系统应与屋面进行一体化设计，其电气性能应满足国家现行标准《民用建筑太阳能热水系统应用技术规范》(GB 50364—2018)和《建筑光伏系统应用技术标准》(GB/T 51368—2019)的规定。采光顶与金属屋面的设计应符合现行行业标准《采光顶与金属屋面技术规程》(JGJ 255—2012)的规定。

5.1.1　屋面系统构造

对于镶嵌复合墙板装配式钢结构建筑，当其平屋盖结构板为钢筋混凝土板时，屋顶做法与其他结构类型没有什么不同，一些技术如倒置式屋面技术等也应积极采用。在许多情况下，钢结构以斜置钢梁实现结构找坡比较容易，可以减小荷载，吊顶找平也不困难。当采用轻型坡屋顶时，7度以上抗震设防的住宅应设置水平结构层。

屋面宜采用由重质材料和轻质高效保温隔热材料组合的复合结构；构造适宜时，可设置空气间层、铝箔反射层、防水层；当保温隔热材料可能受潮时，宜采用防水透气膜或覆铝的防水透气膜外包，使保温隔热材料保持干燥；屋顶的保温隔热材料宜选用矿棉、岩棉、玻璃棉、泡沫玻璃等不燃材料，九层以下钢结构住宅，当有可靠的防火措施时，屋顶保温隔热材料也可选用自熄型的聚氨酯、模塑聚苯乙烯、挤塑聚苯乙烯等泡沫材料。屋顶设计应符合现行国家标准《建筑设计防火规范》(GB 50016—2014)(2018年版)的规定。

5.1.2　屋面系统热工节能设计

屋面应满足承重、抗震、保温、隔热、防水、排水、防火、防雷、安全防范和装饰美观等基本功能要求，有特殊需要时还应满足隔声（轻型屋面）、通风（夏热地区）、采光（斜屋顶下空间利用时）、上人、安装太阳能设施、雨水收集和绿化等功能要求[19]。

屋面是围护结构的一部分，应采用热工性能较好的屋顶结构并选择先进、适用的供热、供冷系统和运行方法，以提高室内热环境质量，提高能源利用效率；并应符合现行国家标准《住宅建筑规范》（GB 50368—2005）和《民用建筑热工设计规范》（GB 50176—2016）的要求，以及国家、行业或地方现行建筑节能设计标准的规定；进行节能设计时，应采用规定性指标或性能化方法；应采取措施减少热桥，当无法避免时，应使热桥部位内表面温度不低于室内空气露点温度。

采暖地区室外钢构件与室内主体结构的连接，宜采用铰接（如腹板连接）或特殊设计，以减小传热截面。连接部位宜采用保温层覆盖。当室外钢构件伸入室内时，在室内部分的一定长度范围内应采取延续保温措施，并进行露点验算。

压型钢板屋面板宜采用热镀锌或镀铝锌的建筑用涂层钢板或铝板。涂层钢板的厚度不应小于0.5 mm，镀层质量应按环境腐蚀性分别选用不低于180 g/m^2、250 g/m^2和275 g/m^2，涂层不得少于两涂两烘；穿过压型钢板屋面的烟道、风道口，宜加设金属板防雨（防风）罩，其构造应有利于形成负压；当以镀锌钢板制作烟（风）罩时，其外表面应涂专用漆；穿过压型钢板屋面的排气管，在屋面处宜采用专用的喇叭形封口密封件；压型钢板与砌体墙交接处应设置泛水，并按变形缝设计；钢板下方应设置吸声材料；当以金属压型钢板屋面作为防雷接闪器时，其做法应符合现行国家标准《建筑物防雷设计规范》（GB 50057—2010）的规定。

轻型斜屋顶下设计可居住空间时，应符合现行国家标准《住宅设计规范》（GB 50096—2011）的规定。

利用太阳能时，宜将轻型斜屋顶与太阳能集热板一体化设计。屋面斜度可按当地地理纬度+15°采用，方位宜为南偏东15°至南偏西15°。蓄热装置宜设在斜顶下方空间内或屋顶平台上。

5.2　复合墙板系统

镶嵌复合墙板装配式钢结构采用复合墙板与结构连接组成竖向外围护体系，外墙系统与结构系统的连接形式可采用内嵌式、外挂式、嵌挂结合式等，并宜分层悬挂或承托。设计时应根据建筑所在地区的气候条件、使用功能等，综合确定抗风性能、抗震性能、耐撞击性能、防火性能、水密性能、气密性能、隔声性能、热工性能和耐久性能等要求[20,21]。

5.2.1 墙板性能要求

镶嵌复合墙板装配式钢结构预制复合墙板所用材料及设计标准应符合现行行业及国家标准《严寒和寒冷地区居住建筑节能设计标准》(JGJ 26—2018)、《建筑轻质条板隔墙技术规程》(JGJ/T 157—2014)、《民用建筑热工设计规范》(GB 50176—2016)、《民用建筑隔声设计规范》(GB 50118—2010)、《公共建筑节能设计标准》(GB 50189—2015)等的规定。

如果结构外墙体部分为镶嵌保温墙板、部分为幕墙,则应根据建筑物的使用要求、建筑造型合理选择幕墙形式,宜采用单元式幕墙系统。根据不同的面板材料,选择相应的幕墙结构、配套材料和构造方式等。此外,建筑幕墙应具有适应主体结构层间变形的能力;主体结构中连接幕墙的预埋件、锚固件应能承受幕墙传递的荷载和作用,连接件与主体结构的锚固极限承载力应大于连接件本身的全塑性承载力。玻璃幕墙的设计应符合现行行业标准《玻璃幕墙工程技术规范》(JGJ 102—2003)的规定。金属与石材幕墙的设计应符合现行行业标准《金属与石材幕墙工程技术规范》(JGJ 133—2001)的规定。人造板材幕墙的设计应符合现行行业标准《人造板材幕墙工程技术规范》(JGJ 336—2016)的规定。

另外,复合墙板防火性能应按非承重外墙的要求执行,当夹芯保温材料的燃烧性能等级为 B_1 或 B_2 级时,内、外叶墙板应采用不燃材料且厚度均不应小于 50 mm。

5.2.2 墙板与主体结构的连接

在 50 年重现期的风荷载或多遇地震作用下,外墙板不得因主体结构的弹性层间位移而发生塑性变形、板面开裂、零件脱落等损坏;当主体结构的层间位移角达到 1/100 时,外墙板不得掉落。

外墙板与主体结构的连接应符合下列规定:

(1) 连接节点在保证主体结构整体受力的前提下,应牢固可靠、受力明确、传力简捷、构造合理。

(2) 连接节点应具有足够的承载力。承载能力极限状态下,连接节点不应发生破坏;当单个连接节点失效时,外墙板不应掉落。

(3) 连接部位应采用柔性连接方式,连接节点应具有适应主体结构变形的能力。

(4) 节点设计应便于工厂加工、现场安装就位和调整。

(5) 连接件的耐久性应满足设计使用年限的要求。

镶嵌复合墙板与钢结构连接可采取以下几种方式:

① L 形或 U 形卡连接(图 5.1、图 5.2),墙板与墙板之间采用砂浆或专用胶填缝,外挂网格布;

② 新型耳扣连接(图 5.3),将钢耳扣挂于钢梁下翼缘上,并在耳扣上开孔,通过螺栓将墙板与耳扣相连,内嵌墙板与下部楼板或钢梁的连接通过砂浆坐浆黏结。

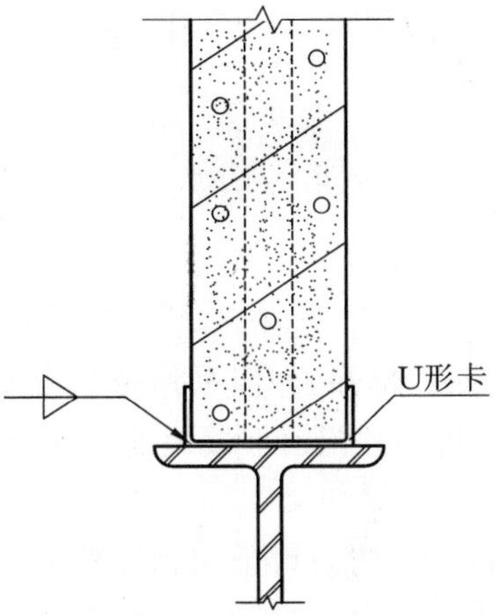

图 5.1　U 形卡连接节点

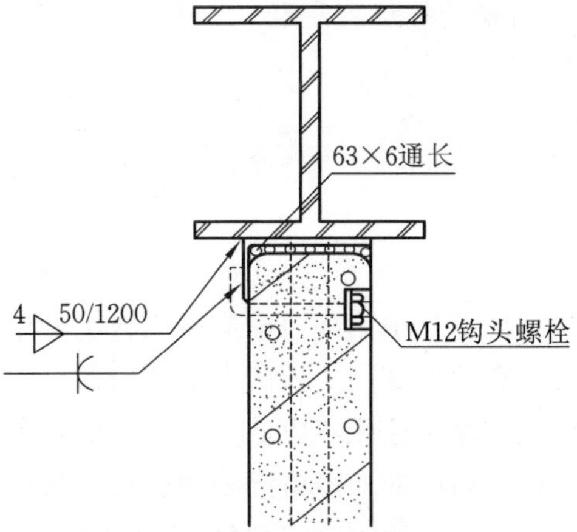

图 5.2　钩头连接节点

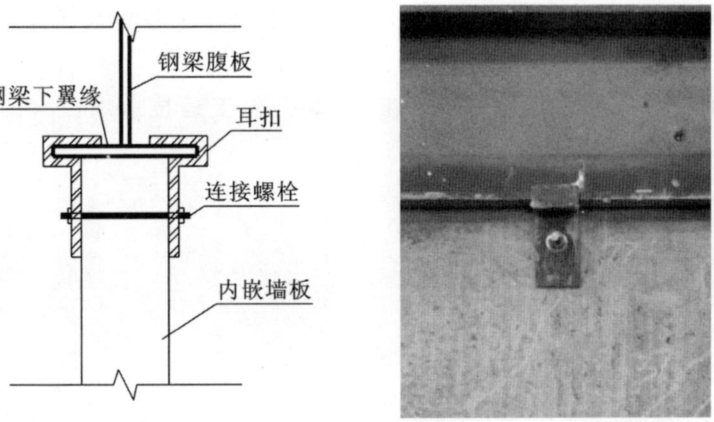

图 5.3　新型耳扣连接

5.2.3　外墙板接缝处理

外墙板接缝处应根据当地气候条件合理选用构造防水、材料防水相结合的防排水措施。接缝宽度及接缝材料应根据外墙板材料、立面分格、结构层间位移、温度变形等综合因素确定；所选用的接缝材料及构造应满足防水、防渗、抗裂、耐久等要求，此外，接缝材料应与外墙板具有相容性；外墙板在正常使用状况下，接缝处的弹性密封材料不应破坏，并且与主体结构的连接处应设置防止形成热桥的构造措施。

装配式钢结构中复合墙板接缝应符合下列规定：

① 接缝位置宜与建筑立面分格相对应；

② 竖缝宜采用平口或槽口构造，水平缝宜采用企口构造；

③ 当板缝空腔需设置导水管排水时，板缝内侧应增设密封构造；

④ 宜避免接缝跨越防火分区，当接缝跨越防火分区时，接缝室内侧应采用耐火材料封堵。

5.3 门窗设计

外围护系统中的外门窗应采用在工厂生产的标准化系列部品，并应采用带有批水板的外门窗配套系列部品。外门窗应与墙体可靠连接，门窗洞口与外门窗框接缝处的气密性能、水密性能和保温性能不应低于外门窗的相关性能。

复合外墙中的外门窗宜采用企口或预埋件等方法固定，外门窗可采用预装法或后装法施工。采用预装法时，外门窗框应在工厂与预制外墙整体成型；采用后装法时，预制外墙的门窗洞口应设置预埋件。

铝合金门窗的设计应符合现行行业标准《铝合金门窗工程技术规范》(JGJ 214—2010)的规定。

塑料门窗的设计应符合现行行业标准《塑料门窗工程技术规程》(JGJ 103—2008)的规定。

第 6 章　设备、管线及内装设计

装配式建筑的设备与管线系统主要包括给排水设备及管线系统、供暖通风空调设备及管线系统、电气和智能化设备及管线系统、燃气设备及管线系统等，主要用于满足建筑使用功能。装配式建筑的内装系统主要包括楼地面、墙面、轻质隔墙、吊顶、内门窗、厨房和卫生间等内装部品及相应装饰设计，主要用于满足建筑空间使用要求。

6.1　设备与管线系统

装配式钢结构建筑的设备与管线宜采用集成化技术，标准化设计，当采用集成化新技术、新产品时应有可靠依据。可以采用包含 BIM 技术在内的多种技术手段开展三维管线综合设计(图 6.1)，对各专业管线在钢构件上预留的套管、开孔、开槽位置尺寸进行综合及优化，形成标准化方案，并做好精细设计以及定位，避免错、漏、碰、缺等问题，降低生产及施工成本，减少现场返工[22,23]。

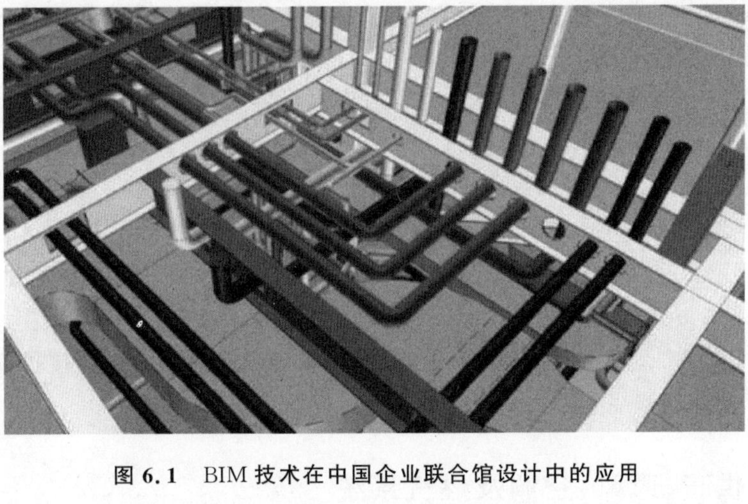

图 6.1　BIM 技术在中国企业联合馆设计中的应用

各类设备与管线宜在架空层或吊顶内设置，且应综合设计，减少平面交叉，合理利用空间。设备与管线应合理选型、准确定位。

设备与管线安装应满足结构专业相关要求，不应在预制构件安装后凿剔沟槽、开孔、开洞等。设备与管线应方便检查、维修、更换，且在维修更换时不影响主体结构。竖向管线宜集中布置于管井中。钢构件上为管线、设备及其吊挂配件预留的孔洞、沟槽宜选择对构件受力影响最小的部位，当条件受限无法满足上述要求时，建筑和结构专业应采取相应的处理措施。设计过程中设备专业应与建筑和结构专业密切沟通，防止遗漏[24]。

公共管线、阀门、检修配件、计量仪表、电表箱、配电箱、智能化配线箱等应设置在公共区域。设备与管线穿越楼板和墙体时，应采取防水、防火、隔声、密封等措施，防火封堵应符合现行国家标准《建筑设计防火规范》(GB 50016—2014)(2018 年版)的规定。设备管道与钢结构构件上的预留孔洞空隙之处，采用不燃柔性材料填充。设备与管线的抗震设计应符合现行国家标准《建筑机电工程抗震设计规范》(GB 50981—2014)的有关规定。

6.1.1 给水排水系统

给水排水设计应符合下列规定：

(1) 冲厕宜采用非传统水源，居住建筑冲厕用水可采用模块化户内中水集成系统，并应做好防水处理。水质应符合国家标准《城市污水再生利用　城市杂用水水质》(GB/T 18920—2020)的规定。

(2) 集成式厨房、卫生间应预留相应的给水、热水、排水管道接口，为便于日后管道维修更换，给水系统的给水立管与部品配水管道的接口宜设置内螺纹活接连接。实际工程中由于未采用活接头，在遇到有拆卸管路要求的检修时只能采取断管措施，增加了不必要的施工量。

(3) 采用装配式的管线及其配件连接，可减少现场焊接、热熔工作。给水分水器与用水器具的管道应一对一连接，管道中间不得有连接配件；宜采用装配式的管线及其配件连接；给水分水器位置应便于检修。

(4) 敷设在吊顶或楼地面架空层内的给水排水设备管线应采取防腐蚀、隔声减噪和防结露等措施。

(5) 当建筑配置太阳能热水系统时，集热器、储水罐等的布置应与主体结构、外围护系统、内装系统相协调，做好预留预埋。

(6) 排水管道宜采用同层排水技术。卫生间架空层积水的排除，可设置独立的排水系统或采用间接排水方式。

(7) 应选用耐腐蚀、使用寿命长、降噪性能好、便于安装及更换、连接可靠、密封性能好的管材、管件以及阀门设备。

6.1.2 供暖、通风、空调及燃气系统

建筑供暖、通风、空调及燃气设计应符合下列规定：

(1) 室内供暖系统采用低温地板辐射供暖时，宜采用干法施工。

(2) 室内供暖系统采用散热器供暖时，散热器安装应牢固可靠，安装散热器的墙板构件应采取加强措施。安装在轻钢龙骨隔墙上时，应采用隐蔽支架将其固定在结构受力构件上；

安装在预制复合墙体上时，其挂件应预埋在实体结构上，挂件应满足刚度要求；当采用预留孔洞安装散热器挂件时，预留孔洞的深度应不小于120 mm。

(3) 采用集成式卫生间或采用同层排水架空地板时，集成式卫生间和同层排水的架空地板下面有很多给水和排水管道，为了方便检修，不宜采用地板辐射供暖方式。而有外窗的卫生间冬季有一定的外围护结构耗热量，若只采用临时加热的浴霸等设备不利于节能，应采用散热器供暖。

(4) 冷热水管道固定于梁柱等钢构件上时，管道和支架之间应采用绝热支架，防止"冷桥"和"热桥"现象。经过冷热处理的管道应做好防结露及绝热措施，并应遵照现行国家标准《设备及管道绝热设计导则》(GB/T 8175—2008)、《公共建筑节能设计标准》(GB 50189—2015)中的有关规定。

(5) 供暖、通风、空气调节及防排烟系统的设备及管道系统宜结合建筑方案整体设计，并预留接口位置；设备基础和构件应连接牢固，并按设备技术文件的要求预留地脚螺栓孔洞。

(6) 供暖、通风和空气调节设备均应选用节能型产品。

(7) 燃气系统管线设计应符合现行国家标准《城镇燃气设计规范》(GB 50028—2006)的规定。

6.1.3　电气和智能化系统

镶嵌复合墙板装配式钢结构由于工业化生产的需求，大量采用预制构件，因此，电气设备、管线的设计应充分考虑预制构件的标准化设计，以适应工厂化生产和施工现场装配安装的要求，提高生产效率。在装配式钢结构建筑设计时，应尽量减少预制墙体的种类[25]。

此外，装配化装修是装配式建筑的倡导方向。精装修交房的工程，应在建筑设计的同时进行室内装修设计，即采用精装一体化设计。设计阶段，电气专业应要求建筑及内装专业确定室内布置，并根据布置进行灯具、插座、开关等电气点位布置图的设计，对敷设管道的路径做准确性定位，并与预制构件设计相协调。同时宜采用管线分离的方式，减少传统内装在墙体和楼板内埋设管线的做法，使建筑主体结构与设备管线部分相分离，确保主体结构具有优良的耐久性并保证建筑内装部品具有优良的可变性和适应性。

6.1.3.1　叠合楼板敷设管线的问题

由于叠合楼板现浇层的厚度相比现浇板较薄，为50～80 mm，板内埋设的电气支线套管直径一般为16～32 mm，再综合其埋深要求、叠合板内钢筋等因素，通常无法满足两根以上管线的交叉。因此设计时要综合排布在板内暗敷的电气管线，尽量避免电气管线的交叉，且要尽量选择有利于交叉敷设及满足相关规范规程要求的穿线管。

6.1.3.2 墙体和楼板之间的管线对接问题

目前国内装配式钢结构建筑墙体与楼板之间的电气管线对接尚无标准化、模块化的做法。因此，设计阶段应准确定位灯具、插座、开关等点位位置，对敷设管道的路径做准确性定位，并与预制构件设计相协调。预制构件在工厂加工时要尽量提高精度，减少误差。施工安装做到严丝合缝、安装精确。做到以上几点可减少电气管线安装对接时产生的误差。

实际施工存在误差的情况下，楼板与预制墙体内的电气管线对接，可以通过调整未浇筑的叠合楼板部分的水平管线位置，使其与预制墙体内的电气管线连接。当预制墙体采用轻质隔墙板等内部可以现场穿管的墙体时，可以在施工现场进行埋管作业。

6.1.3.3 设备管线规定

电气和智能化设计应符合下列规定：

电气和智能化的设备与管线宜采用管线分离的方式。电气和智能化系统的竖向主干线应在公共区域的电气竖井内设置。

当大型灯具、桥架、母线、配电设备等安装在预制构件上时，应采用预留预埋件固定。设置在预制部(构)件上的出线口、接线盒等的孔洞均应准确定位。隔墙两侧的电气和智能化设备不应直接连通设置。

防雷引下线和共用接地装置应充分利用钢结构自身作为防雷接地装置。构件连接部位应有永久性明显标记，其预留防雷装置的端头应可靠连接。钢结构基础应作为自然接地体，当接地电阻不满足要求时，应设人工接地体。接地端子应与建筑物本身的钢结构金属物连接。

所有需与钢结构做电气连接的部位，宜在工厂内预制连接件，施工现场不宜在钢结构主体上直接焊接。

6.2 内装系统

装配式建筑的内装系统主要包括楼地面、墙面、轻质隔墙、吊顶、内门窗、厨房和卫生间等，主要用于满足建筑空间使用要求。

内装部品设计与选型应符合国家现行有关抗震、防火、防水、防潮和隔声等标准的规定，并满足生产、运输和安装等要求。内装部品的设计与选型应满足绿色环保的要求，室内污染物限制应符合现行国家标准《民用建筑工程室内环境污染控制规范》(GB 50325—2020)的有关规定。内装部品与结构钢构件的连接和接缝宜采用柔性设计，其缝隙变形能力应与结构弹性阶段的层间位移角相适应。

6.2.1　装配式钢结构内装部品的连接、设计原则

装配式钢结构建筑应考虑内装部品的后期运维及其物权归属问题，由于不同材料、设备、设施具有不同的使用年限，因此内装部品设计应符合使用维护和维修改造要求。装配式钢结构建筑的部品连接与设计应遵循以下原则：

(1) 应以专用部品的维修与更换不影响共用部品为原则；

(2) 应以使用年限较短部品的维修和更换不破坏使用年限较长部品为原则；

(3) 应以专用部品的维修和更换不影响其他住户为原则。

装配式钢结构建筑宜选用标准化、系列化的整体收纳。收纳系统对不同物品的归类收放既要合理，又不浪费空间。

装配式钢结构建筑内装系统设计宜采用建筑信息模型(BIM)技术，与结构系统、外围护系统、设备与管线系统进行一体化设计，预留洞口、预埋件、连接件、接口设计应准确到位。

装配式建筑内装部品采用体系集成化成套供应、标准化接口，主要是为减少不同部品系列接口的非兼容性。部品接口设计应符合部品与管线之间、部品之间连接的通用性要求，接口应做到位置固定、连接合理、拆装方便及使用可靠，各类接口尺寸应符合公差协调要求。

6.2.2　吊顶内装设计

吊顶内装设计宜采用装配式部品，并应符合下列规定：

(1) 当采用压型钢板组合楼板或钢筋桁架楼承板组合楼板时，应设置吊顶。

(2) 当采用开口型压型钢板组合楼板或带肋混凝土楼盖时，宜利用楼板底部肋侧空间进行管线布置，并设置吊顶。

(3) 当装配式钢结构建筑为住宅时，厨房、卫生间的吊顶在管线集中部位应设有检修口。

6.2.3　梁柱内装设计

梁柱包覆应与防火防腐构造结合，实现防火防腐包覆与内装系统的一体化，并应符合下列规定：

(1) 内装部品安装不应破坏防火构造。

(2) 宜采用防腐防火复合涂料。

(3) 使用膨胀型防火涂料应预留膨胀空间。

(4) 设备与管线穿越防火保护层时，应按钢构件原耐火极限进行有效封堵。

6.2.4 隔墙内装设计

装配式建筑采用装配式轻质隔墙，可利用轻质隔墙的空腔敷设管线，既有利于工业化建造施工与管理，也有利于后期空间的灵活改造和使用维护。装配式隔墙应预先确定固定点的位置、形式和荷载，并通过调整龙骨间距、增设龙骨横撑和预埋木方等措施为外挂安装提供条件。采用轻质隔墙是建筑内装工业化的基本措施之一，隔墙集成程度（隔墙骨架与饰面层的集成）及施工是否便捷、高效是内装工业化水平的主要标志。隔墙设计应采用装配式部品，并应符合下列规定：

（1）可选龙骨类、轻质水泥基板类或轻质复合板类隔墙。

（2）龙骨类隔墙宜在空腔内敷设管线及接线盒等。

（3）当隔墙上需要固定电器、橱柜、洁具等较重设备或其他物品时，应采取加强措施，其承载力应满足相关要求。

外墙内表面及分户墙表面宜采用满足干式工法施工要求的部品，墙面宜设置空腔层，并应与室内设备管线进行集成设计。

6.2.5 地面内装设计

地面部品从建筑工业化角度出发，其做法宜采用可敷设管线的架空地板系统等集成化部品。架空地板系统，即在地板下面采用树脂或金属地脚螺栓支撑，架空空间内敷设给水排水管道，在安装分水器的地板处设置地面检修口，以方便管道检查和修理使用。装配式楼地面设计宜采用装配式部品，并应符合下列规定：

（1）架空地板系统的架空层内宜敷设给水排水和供暖等管道。

（2）架空地板高度应根据管线的管径、长度、坡度以及管线交叉情况进行计算，并宜采取减振措施。

（3）当楼地面系统架空层内敷设管线时，应设置检修口。

6.2.6 特殊用途房间内装设计

集成式卫生间应符合下列规定：

（1）宜采用干湿区分离的布置方式，并应满足设备设施点位预留的要求。

（2）应满足同层排水的要求，给水排水、通风和电气等管线的连接均应在设计预留的空间内安装完成，并应设置检修口。

（3）当采用防水底盘时，防水底盘与墙板之间应有可靠连接设计。

当装配式钢结构中设有厨房时，厨房宜设计为集成式，集成式厨房应符合下列规定：

(1) 应满足厨房设备设施点位预留的要求。

(2) 给水排水、燃气管道等应集中设置、合理定位,并应设置管道检修口。

(3) 宜采用排油烟管道同层直排的方式。

6.3 内外装修设计

镶嵌复合墙板装配式钢结构内装修设计应遵循建筑、装修、部品一体化的设计原则,部品体系应满足国家相应标准要求,满足安全、经济、节能、环保等各项标准的要求,部品体系应实现集成化的成套供应。

部品和构件宜通过优化参数、公差配合和接口技术等措施,提高部品和构件的互换性和通用性。装配式内装设计应综合考虑不同材料、设备、设施的不同使用年限,装修部品应具有可变性和适应性,便于施工安装、使用维护和维修改造[10]。

6.3.1 围护体系(外墙和屋顶)的设计

对外墙和屋顶的设计可采取以下措施:

(1) 外墙和屋顶宜采用由重质材料和轻质高效保温隔热材料组合的复合结构。构造适宜时,可设置空气间层、铝箔反射层、防水层;当保温隔热材料可能受潮时,宜采用防水透气膜或覆铝的防水透气膜外包,使保温隔热材料保持干燥。

(2) 严寒地区围护结构保温层内侧宜设置隔汽层,隔汽层宜选用膜材料,敷设时应连续。

(3) 应采取措施减少热桥。当无法避免时,应使热桥部位内表面温度不低于室内空气露点温度。

(4) 采暖地区室外钢构件与室内主体结构的连接宜采用铰接(如腹板连接)或特殊设计,以减少传热截面。连接部位宜采用保温层覆盖。当室外钢构件伸入室内时,在室内部分的一定长度范围内应采取延续保温措施,并进行露点验算。

压型钢板现浇钢筋混凝土楼盖、密肋钢梁薄板楼盖、钢筋混凝土槽形或肋形板楼盖下方的空间应设置吊顶。吊顶应采用不燃烧体(一级耐火等级)或难燃烧体(二、三级耐火等级)材料。吊顶空间内应能设置电气管线、灯具支座、水暖管线。卫生间、厨房的吊顶宜采用活动式吊顶,以便检修。压型钢板现浇楼盖宜在现浇前预置吊挂连接件,其设置精度应符合吊顶系统的要求;后装连接件(膨胀螺栓、射钉及其连接件)的承载力应满足吊顶系统的设计要求。

6.3.2 室内装修设计

装配式钢结构室内装修应遵循以下原则：

(1) 装修设计应按家居的合理定位布置普通照明，且应符合照度标准，并为局部照明设置插座。钢结构建筑的照明宜选用光效高、光色适宜的光源。

(2) 建筑内用气设备排烟方式应符合现行国家标准的要求。

(3) 在需要设置顶棚通风的地区，应在每个独立的顶棚空间的适当位置，设置两个以上通风口，其面积应为顶棚面积的1/300以上。通风口的构造应能防止雨雪和昆虫进入。在采暖地区，顶棚通风口宜采用可启闭的风口。

(4) 当设有底层架空地板时，在外墙上每隔4 m左右应设置一个有效通风面积不小于300 cm^2的通风口，通风口的构造应能防鼠。

6.3.3 室内环境控制

镶嵌复合墙板装配式钢结构内装修环境污染控制应符合以下规定：

(1) 住宅室内装修应控制的空气污染物为氡(^{222}Rn)、游离甲醛、氨、苯、总挥发性有机物(TVOC)和无机非金属材料放射性；

(2) 室内装修后各项浓度限值应符合现行国家标准《民用建筑工程室内环境污染控制规范》(GB 50325—2020)的规定，有居住需求的建筑还须符合《住宅装饰装修工程施工规范》(GB 50327—2001)的规定。

第 7 章　结构拆分设计

镶嵌复合墙板装配式钢结构进行深化设计之前，需对主体结构构件进行合理的构件拆分设计。结构拆分设计主要是指依据装配式钢结构构件拆分原则，将预制构件拆分为供生产及现场装配的单体构件，之后在施工现场通过专业的安装连接技术进行单体构件间的组装。它是主体结构设计后的构件深化设计，也是结构的二次设计。本章主要阐述镶嵌复合墙板装配式钢结构拆分设计的原则及单元构件拆分的基本方法。

7.1　拆分设计原则

根据现阶段在国内应用较成熟的装配式体系，镶嵌墙板装配式钢结构需要拆分的构件主要包括：①竖向构件，包括各类复合墙板、预制型钢柱等；②水平构件，包括叠合楼板、型钢梁、全预制楼梯等。

7.1.1　拆分前提

装配式钢结构自动拆分需要满足以下几个前提[26,27]：

(1) 节点标准化。标准化的节点给自动拆分提供了依据，使结构在节点处根据指定尺寸自动拆分。

(2) 构件模数化与去模数化相结合。结构自动拆分时，阳台、空调板、楼梯等构件应该进行模数化处理，但是墙板、楼板构件却需要去模数化处理。墙板构件模数化和节点标准化是两个不协同的概念，节点的标准化势必无法保证拆分出的墙板构件为模数化；同样，模数化的墙板构件也会导致节点各异。而叠合构件不受模数限制的去模数化特点，使结构可以在节点标准化的基础上实现自动拆分。

(3) BIM 技术的运用。在 BIM 中将节点、构件等信息集成，结构通过 BIM 软件自动拆分，相关内容详见第 8 章。

7.1.2　拆分原则

装配式钢结构的受力钢构件均是在钢构厂加工，运至现场后通过螺栓连接或焊接连接成整体。钢构件在工厂的加工拆分原则，主要考虑受力情况、运输条件、起重能力、加工制作安装等因素；钢结构的楼板、外墙板及楼梯等构件的拆分则应根据构件的种类，遵循受力合理、连接简单、标准化生产、施工高效的原则，在方便加工和节省成本的基础上，确保工程质量。

7.2 构件拆分

镶嵌复合墙板装配式钢结构的钢柱、钢梁、楼板、复合墙板、楼梯等构件的拆分详述如下。

7.2.1 钢柱的拆分

(1) 单元划分

钢柱一般按 2～3 层进行分段作为一个安装单元，在运输和吊装能力许可的情况下，对层高不高的住宅建筑，也可按 4 层进行分段，分段位置通常设置在楼层梁顶标高以上 1.2～1.3 m，以方便现场工人进行柱的拼接[28]，见图 7.1(a)。

(a)

(b)

图 7.1 钢框架柱的拆分

(a) 框架柱拆分现场图；(b) 框架柱带短梁头拆分示意图

(2) 单元构造

设计时为避免梁柱在工地现场的节点连接，可在柱边设置悬臂梁段，悬臂梁段与柱之间采用工厂全焊接连接，则柱拆分时是带有短梁头的，见图 7.1(b)。这种拆分可将梁柱的节点连接转变为梁与梁的拼接，有效避免了强节点的验算，梁端内力传递性能较好且现场操作方便，设计和施工均相对简单。短悬臂梁段的长度一般为柱边外2倍梁高及梁跨度1/10的较小值。但由于带短梁头的柱运输、堆放、吊装和定位都比较困难，同时梁端的焊接性能也直接影响节点的抗震性能，因此目前钢框架工程中以不带悬臂梁的柱拆分较为常见。1995年阪神大地震表明，悬臂梁段式连接的梁端节点破坏率是梁腹板螺栓连接时的3倍。

7.2.2　钢梁的拆分

(1) 单元划分

装配式钢结构主梁一般按柱网拆分为单跨梁，钢次梁以主梁间距为单元划分为单跨梁。钢框架梁的拆分见图7.2。

图7.2　钢框架梁的拆分

(2) 单元构造

装配式钢结构钢梁一般有型钢梁和组合梁。型钢梁加工简单、造价较低廉，但型钢截面尺寸受到一定规格的限制。当荷载和跨度较大，采用型钢截面不能满足强度、刚度或稳定要求时，则采用组合梁。钢梁在拼接处，应保证梁的强度不被削弱和变形的连续性。组合梁拼接宜使翼缘板和腹板的接缝分散在不同截面处。若为了便于运输，翼缘板和腹板的接缝可设在同一截面上，但宜设在受力较小的部位。拼接方法一般采用坡口对焊焊缝连接；对重型梁的工地拼接，也可用拼接板高强螺栓连接。

7.2.3　楼板的拆分

为满足工业化建造的要求，装配式钢结构中楼板所用的类型主要有钢筋桁架楼承板组合楼板和桁架钢筋混凝土叠合板等。

(1) 单元划分

在进行楼板拆分设计时，预制混凝土底板应等宽拆分，尽量拆分为标准板型。进行单向叠合板拆分设计时，预制底板之间采用分离式接缝，拼缝位置可任意设置；进行双向叠合板拆分设计时，预制底板之间采用整体式接缝，接缝位置宜设置在叠合板受力较小处[29]。

楼板作为结构构件，其影响拆分的因素有两点：首先是楼板本身，异形的楼板可以提高施工效率，但是需要采取有效的加固措施，防止不规则处发生应力集中现象而导致楼板开裂等问题；其次，楼板的厚度决定着叠合板式剪力墙的内墙净高，相同的楼板厚度可在一定程度上提高结构的拆分和组装效率。

（2）单元构造

① 钢筋桁架楼承板组合楼板

钢筋桁架楼承板组合楼板是将楼板中的钢筋在工厂加工成钢筋桁架，并将钢筋桁架与镀锌钢板在工厂焊接成一体的组合模板，见图 7.3。施工中，可将钢筋桁架楼承板直接铺设在钢梁上，底部镀锌钢板可作模板使用，无须另外支模及架脚手架，同时也减少了现场钢筋绑扎的工程量，既加快了施工进度，又保证了施工质量。

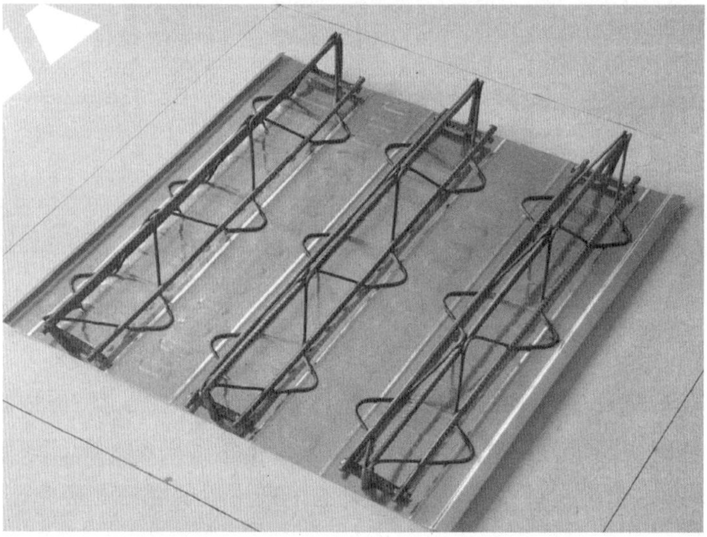

图 7.3　钢筋桁架楼承板钢模板

钢筋桁架楼承板的宽度一般为 576 mm 或 600 mm，长度可达 12 m。在设计时一般沿楼板短边受力方向连续铺设，将钢筋桁架楼承板支撑在长边方向的钢梁上，然后绑扎桁架连接钢筋、支座附加钢筋和板底分布钢筋，浇筑混凝土即形成钢筋桁架楼承板组合楼板。

② 桁架钢筋混凝土叠合板

桁架钢筋混凝土叠合板是利用混凝土楼板的上下层纵向钢筋与弯折成形的钢筋焊接，组成能够承受荷载的桁架，结合预制混凝土底板，形成在施工阶段无须模板、板底不加支撑却能够承受施工阶段荷载的楼板。桁架钢筋混凝土叠合板的预制底板厚度一般为 60 mm，后浇的混凝土叠合层一般不小于 70 mm，考虑到铺设管线的方便，一般不小于 80 mm。

7.2.4 复合墙板的拆分

(1) 单元划分

预制混凝土复合保温外墙板拆分时高度通常不超过一个层高，在每层范围内墙板尺寸的确定，应综合考虑建筑立面、结构布置、制作工艺、运输能力以及施工吊装等多方面的因素，同时为节省工厂制作的钢模费用，墙板拆分时应尽量符合标准化要求，遵循少规格、多组合的原则。

(2) 单元构造

镶嵌复合墙板装配式钢结构中，复合墙板应用较多的主要为蒸压加气混凝土条板和预制混凝土夹芯保温外墙板。蒸压加气混凝土条板应用在居住建筑中，通常的布置形式为竖板安装，采取分层承托方式，因此应分层进行排板，条板的宽度一般为 600 mm。为避免材料浪费，建筑设计时，开间尺寸应尽量符合 300 mm 模数要求，窗户与墙体的分割也宜考虑条板的布板模数。

7.2.5 楼梯的拆分

装配式钢结构的楼梯可采用预制钢楼梯或预制混凝土楼梯。

(1) 单元划分

楼梯设计时通常以一跑楼梯作为一个单元进行拆分。钢楼梯自重轻，一般带平台板拆分；混凝土楼梯自重较大，拆分时是否带有平台板应根据吊装能力确定。

(2) 单元构造

预制钢楼梯一般为梁式楼梯，楼梯踏步上宜铺设预制混凝土面层；预制混凝土楼梯一般为板式楼梯。为减少混凝土楼梯刚度对主体结构受力的影响，装配式混凝土楼梯与主体钢结构通常采用柔性连接，楼梯和主体结构之间不传递水平力，而钢楼梯由于刚度较小，其与主体结构的连接通常采用固定式连接。

第 8 章　BIM 协同设计

在装配式钢结构设计工作中，通过 BIM 技术的应用，能够实现不同专业之间的协同化设计，利用计算机来构建一个信息交互平台，以便于项目各参与单位都能够通过该信息交互平台来对设计模型进行交互合并，便于工程信息在各参与单位之间的共享，提高了信息利用水平，并且也更易于找出设计工作中存在的问题及缺陷，使构件设计不合理等问题得到了有效解决，进而大大提高结构设计的水平。本章内容主要包括 BIM 技术的特点、BIM 协同设计以及 BIM 性能化设计的相关内容。

8.1　BIM 技术的特点

BIM 技术的研究最早起源于美国，随后在英国、澳大利亚等国家推广。美国国家标准与技术研究院对 BIM 的定义为：BIM 是一种对工程项目物理特性和功能特性的数字化表达，并且可以为建筑全生命周期内的决策提供可靠信息共享知识资源库。

BIM 技术是以建筑项目中的各类数据为基础，通过三维虚拟仿真建筑物的真实信息，描述工程项目全过程逻辑关系的一种工具及生产方式，是信息化技术在建筑业的直接应用。BIM 技术主要具有以下 4 个方面的应用特点：可视化、模拟性、协同性、现实化。

(1) 可视化

BIM 技术一切操作都在可视化状态下完成，让传统的线条式构件以三维立体实物图的形式表现出来。传统图纸的相关构件信息是以二维线条形式进行绘制表达的，而构件的真实立体构造形式只有靠观看人员的空间想象来实现，针对简单设计靠想象还可以，面对复杂的建筑造型就十分困难。

BIM 技术的视觉特征能以三维立体实物图的形式表现构件信息，可以观察装配式建筑的外形和空间效果，为建筑模型与构件之间的交流互动提供可视支持，便于及时发现并修改设计中的缺陷与不足，方便投资方与设计者之间及时互动交流，方便业主全方位地了解工程进度及质量状况，实现实时精细化管理。

(2) 模拟性

BIM 技术是物件参数式建模，具有协调性和运算性。在设计阶段可对设计上需要进行模拟的项目进行模拟实验，例如采光、热能传导、部品部件制作等；在工程招标和建设阶段可以实现 4D(基于三维模型的项目时间)、5D(基于四维模型的造价控制)等模拟操作；在建筑运营阶段还可以实现人员逃生、疏散等紧急情况模拟。

(3) 协同性

BIM模型是各建筑专业各设计人员间协同设计的产物。BIM技术以三维信息模型为集成平台,参与设计的各专业人员会在相同平台上,按照权限和标准分别进行专业设计,不同专业的文件信息通过协同平台实现信息传递与共享,并随着各专业文件信息的更新自动更新,保证了各专业文件信息的及时性和准确性。

(4) 现实化

BIM技术的本质是整合建筑生命周期内的所有建筑产业信息,包含设计、建设、经营和管理等各个方面。随着BIM信息技术的发展,结合互联网技术、计算机硬件研发应用,其为中国建筑产业的集约化、精细化发展提供了可能。

8.2 BIM协同设计

8.2.1 BIM协同设计的定义

BIM协同设计是指建筑工程的各个专业在共同的信息平台上进行参数化设计,减少信息传递过程中的信息孤岛,保证各专业之间信息传递的准确性,从源头上减少甚至避免错、漏、碰、缺等问题,提升设计效率和质量。

8.2.2 BIM协同设计方式

一般来说,BIM协同设计分为以下两种方式:

一种是各专业设计人员之间在同一个BIM协作平台上进行实时协同设计,比如Revit中利用工作集在同一个中心文件中进行各专业协同设计[30],如图8.1所示。

另一种方式由于时间、地点等限制因素,实现实时协同设计比较困难,因此各专业在独立设计之后,再通过模型链接的方式将所有设计模型整合到同一BIM平台进行协同,进行各专业之间以及专业内部之间的综合协调优化。

目前来看,比较常用的是第二种整体协同设计方法。在完成建筑、结构、设备各专业标准化设计之后,将所有专业标准模型进行整合,在共同的BIM协作平台上进行建筑物整体的协同设计,对各专业内部进行调整和优化,使各专业标准化设计符合相关规范和使用功能要求,对各专业之间进行碰撞检查和调整。比如利用Navisworks软件检查设备模型与结构模型之间的冲突(图8.2),根据规范要求对碰撞模型进行调整,使其满足实际安装要求,避免在现场安装施工过程中出现问题,影响工期,增加成本。

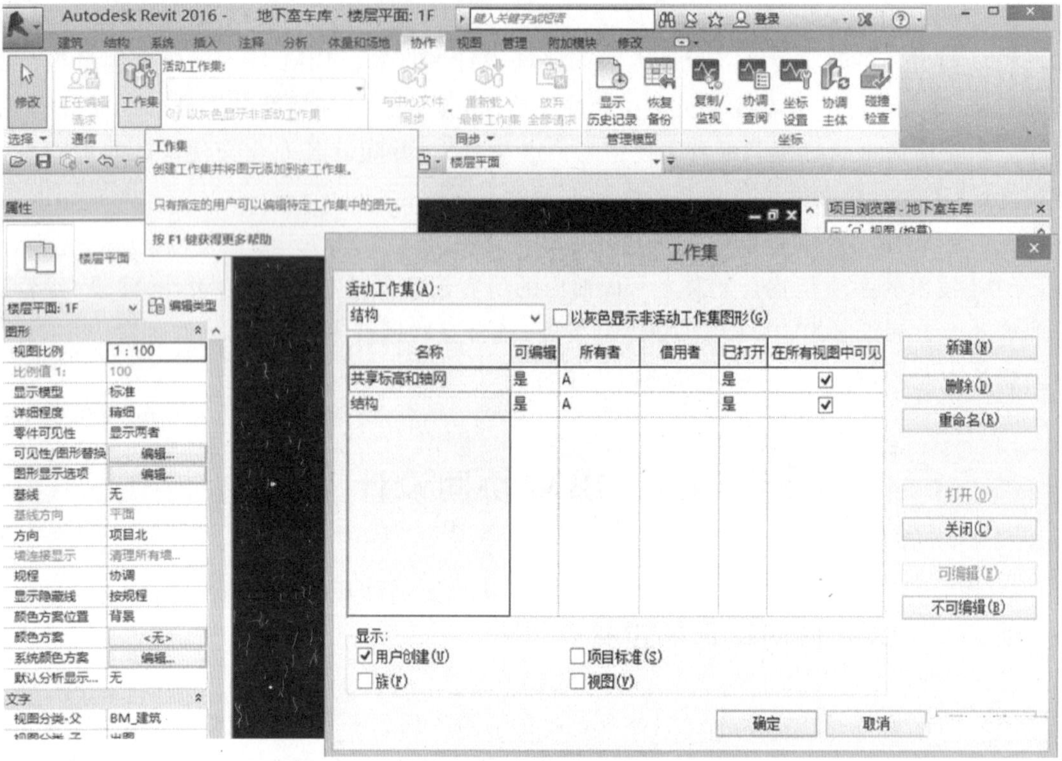

图 8.1　Revit 工作集

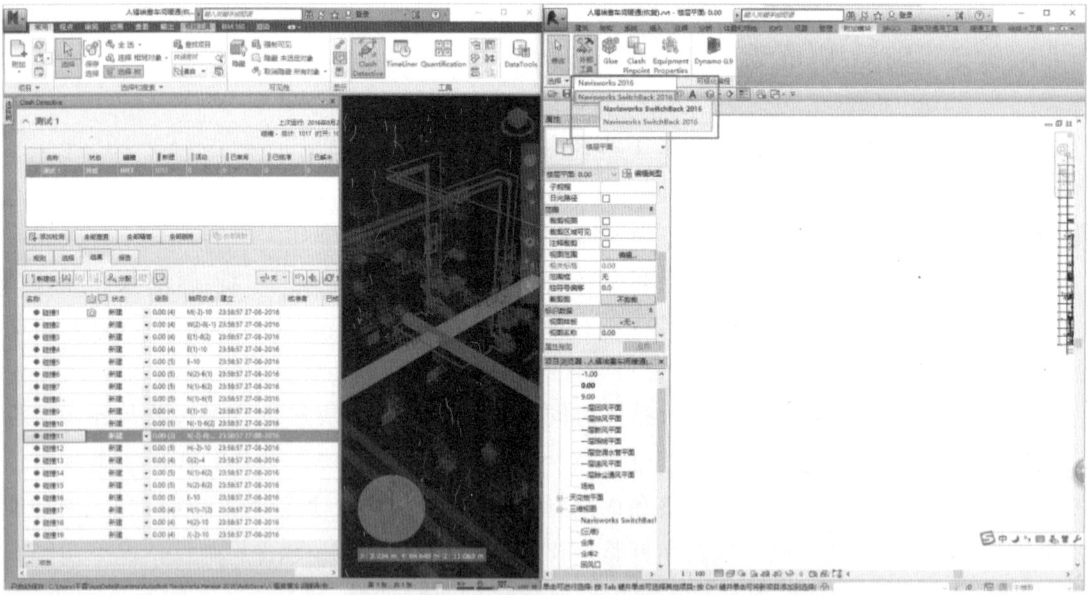

(a)

图 8.2　Navisworks 软件碰撞检查

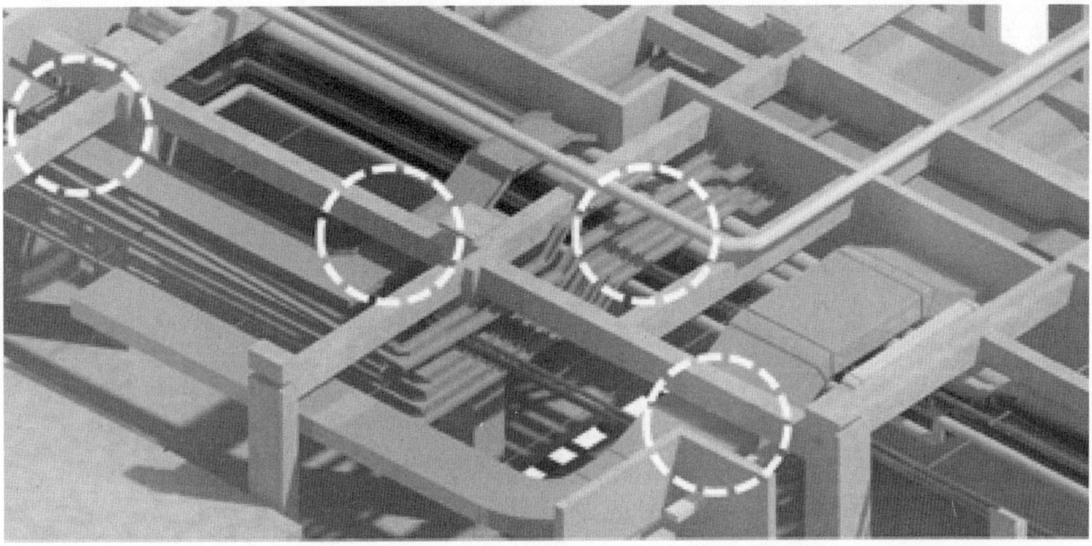

(b)

续图 8.2

8.2.3　拆分与挑选构件

装配式钢结构的预制构件类型一般包括预制墙板(外墙、内墙)、叠合楼板、预制楼梯、空调板、钢梁、钢柱等,为了方便预制工厂的生产,需要对整体模型进行拆分(具体拆分要求详见第 7 章)。在整体设计完成后,按照相关拆分规则将建筑以及其他附属模块拆分为多个构件单元,以方便之后的构件深化设计及生产。

在模型拆分过程中,应充分遵守《建筑模数协调标准》(GB/T 50002—2013)的有关要求,应在模数协调的基础上拆分构件,遵循"少规格、多组合"的原则,形成预制构件 BIM 模型的标准化、系列化,协调建筑、设计、制作、施工各方之间的关系,并应加强建筑、结构、设备、装修等专业之间的配合。

设备的预埋、生产模具的摊销、构件的吊装、塔吊的附着、构件的运输等,这些设计、生产、施工问题也要在构件拆分的过程中予以考虑。综合分析设计的各方面,如果所拆分构件的制作和施工都有困难,就尽量避免拆分。构件拆分除了满足建筑相关规范的要求,还应考虑工程造价问题,在提高装配率的同时尽可能降低建设成本。

完成构件的拆分后,按照所拆分出来的预制构件外形尺寸、钢材信息等参数在 BIM 构件库中挑选出匹配度最高的构件模型,如图 8.3 所示,进行下一步的模型构件深化设计阶段。

图 8.3　BIM 钢结构构件库

8.2.4　深化设计与生产

构件的深化设计是生产前的重要准备工作之一。BIM 整体模型经过拆分后，装配式钢结构构件按照实际情况在标准 BIM 构件库中挑选出构件之后，在原有深化模型的基础上，按照具体项目的设计要求进行进一步的深化设计修改，重点考虑需要连接的构件的连接构造以及各种预埋件、管线预留洞口等[31,32]。

利用 BIM 相关软件对构件进行深化，使得设计结果更加直观精准，将复杂的二维表达转化为数据高度集成的满足生产需要的三维模型表达，并根据需要自动生成与模型关联的 CAD 图纸，将三维数据模型与图纸一并提供给构件生产企业进行构件的制作。

8.2.5　室内设计

通过精细的 BIM 装饰模型轻松实现设计的可视化。利用模型中丰富、可靠的数据，制作最初方案设计阶段的构件材料明细表、详图设计阶段的精确的材料算量和成本预算。BIM 技术能够最大化地反映设计意图，便于室内建筑师与客户一起评估多种室内设计方案，减小沟通阻力，降低变更、返工和延误的概率[33-35]。

8.3　BIM 性能化设计

在方案设计阶段，对建筑能耗、日照、光环境、热环境、声环境等方面进行物理性能模拟分析(图 8.4)，通过直观的分析结果优化设计方案，实现提高建筑节能性能、提升使用空间舒适性的目的，最大化实现绿色建筑全生命周期的设计与运行。

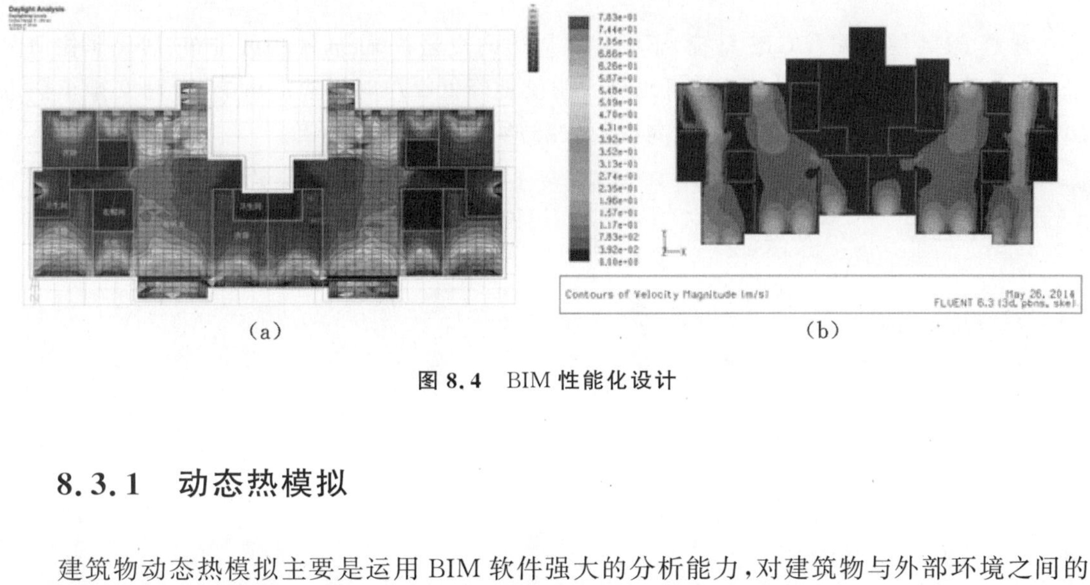

(a)　　　　(b)

图 8.4　BIM **性能化设计**

8.3.1　动态热模拟

建筑物动态热模拟主要是运用 BIM 软件强大的分析能力，对建筑物与外部环境之间的能量传递进行分析，例如热能、风能等。基于 BIM 软件建筑设计，建立一个关于建筑物自身的 3D 可视化信息模型，对建筑物自身的数据与外部数据进行分析。例如，计算太阳对项目整体的辐射热对项目全年暖通空调设备能耗的影响，并以此为依据制订设计方案与设备选择方案等。

8.3.2　日光与阴影模拟

通过建立模型，对项目整体与日光的投射效果进行模拟演示。收集天空辐射的部分数据进行分析计算，得以确定某时间段自然光对建筑的影响。可以通过多次模拟确定建筑物接收到的室外光的量，来确定建筑项目中房屋朝向等问题。

8.3.3 CFD分析模拟

通过BIM模型的建立，配合相关BIM软件对空气流动与传热进行有效的分析与模拟，可以大大提高设计品质，改善业主居住环境。

8.3.4 火灾与疏散分析

通过BIM模型将火灾或突发事件导入其中与之关联，并进行提前预演，及早制订出一套切实可行的方案，做到疏散及时准确，降低人员及财产损失，提高逃生概率。

8.3.5 建筑声环境分析

通过BIM模型配合GIS系统，了解建筑周边的交通状况、居民小区排布、居民居住情况等，通过BIM模型的分析与模拟，可以最大限度地降低噪声对周边的影响，合理安排车辆进出现场，制订施工时间表，错开早晚高峰及人群，实现绿色低碳施工。

第 9 章　镶嵌复合墙板协同工作机理

镶嵌复合墙板钢框架结构通过内嵌的方式将墙板与钢框架主体结构进行连接，内嵌墙板在起到围护和分隔作用的同时，对结构整体具有一定刚度贡献。本章主要内容包括不同连接方式下镶嵌墙板与钢框架协同工作机理、新型连接内嵌墙板框架，以及传统连接内嵌墙板框架的拟静力试验研究得到的相关成果。

9.1　镶嵌复合墙板对装配式钢结构的刚度贡献

镶嵌复合墙板装配式钢结构的内嵌墙板在起到围护和分隔作用的同时，可以与框架一起组成抗侧力体系，作为框架抗侧力构件而存在。带填充墙的钢框架结构相对于纯钢框架结构而言侧向刚度较高，从而结构的整体抗侧能力也相应提高。

在传统结构设计中，填充墙被视为非结构构件，只起到分隔房间和外部围护的作用，而不考虑其对结构各方面力学性能的影响。设计人员忽略了填充墙对结构的利弊影响，仅将填充墙自重作为外部荷载施加到结构的对应位置上。相关研究表明，砖填充墙钢筋混凝土框架结构的抗震性能比纯框架结构优势明显，墙与框架二者能共同工作，其抗侧总承载力大于框架结构和砖填充墙分别单独试验的抗侧承载力之和。若是墙面没有门窗洞口，抗侧总承载能力至少增长 1/4。由此可见，节点连接方式是影响墙板对钢结构刚度贡献的因素之一。

9.1.1　连接方式

(1) L/U 形连接方式

镶嵌复合墙板与钢结构主要通过 L 形或 U 形卡夹连接，墙板与墙板之间采用砂浆或专用胶填缝，外挂网格布，如图 5.1、图 5.2 所示。其工作原理为：墙板为钢结构提供一定刚度，在较小水平荷载作用下，墙板与主体结构可形成整体刚度以抵抗结构变形；在较大水平荷载作用下，墙板随钢结构发生变形，整体通过墙板损伤或破坏消耗能量，在水平荷载超过墙板材料极限能力或结构变形超过墙板极限变形时，墙板发生脆性破坏，结构整体刚度急剧下降，整体结构通过主体结构承受荷载并抵抗变形。

(2) 耳扣连接方式

镶嵌复合墙板与主体结构通常是将钢耳扣挂于钢梁下翼缘上，并在耳扣上开孔，通过螺栓将墙板与耳扣相连，墙板与下部楼板或钢梁通过砂浆坐浆连接，如图 5.3 所示。由于内嵌墙板材料自身强度低于钢材强度，因此在内嵌墙板与主体结构的相互作用方面，主要体现在外荷载达到墙板自身强度之前的结构整体受力阶段，水平荷载通过钢框架柱向墙板传递，墙板利用自身强度及其与下部构件的砂浆黏结力抵抗破坏，耳扣不发生滑动，实现“小震不坏”的抗震设防目标；达到砂浆黏结力时，砂浆层与下部构件发生黏结破坏，此时耳扣连同墙板沿钢梁下翼缘纵轴线方向滑动耗能，达到“中大震滑动耗能”的设计目标。在中大震作用下，耳扣的滑移可减轻墙板在受荷过程中的损伤程度，保持墙板对钢框架的刚度贡献。

9.1.2 复合墙板刚度贡献系数

目前，对于内嵌填充墙钢框架结构计算模型，皆为将填充墙等效为斜向支撑，用以等效填充墙对钢框架结构的刚度贡献。技术路线如图 9.1 所示。

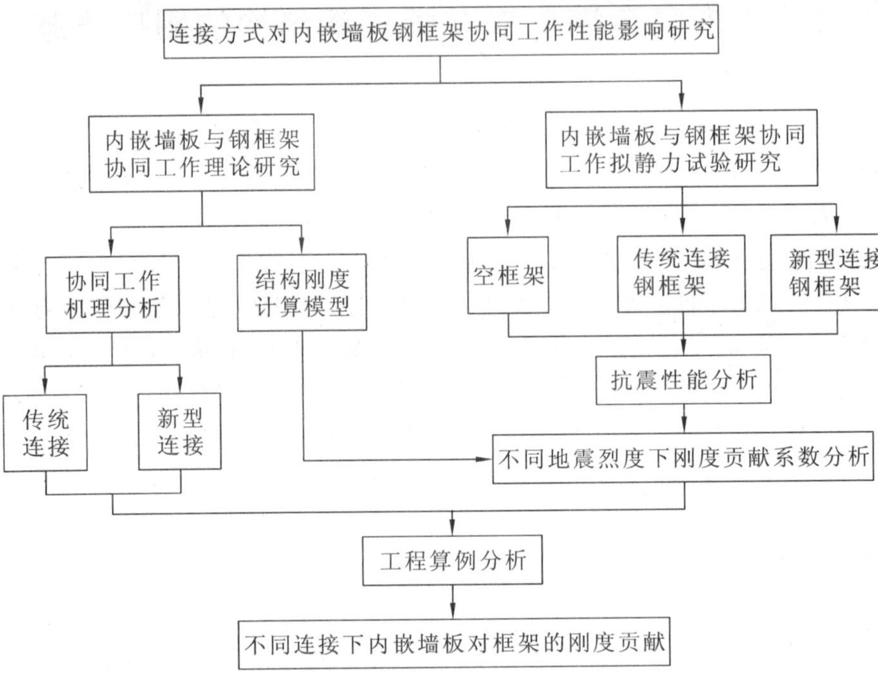

图 9.1 技术路线图

9.1.2.1 等效单压杆模型

Polyakov 提出的等效单压杆模型，如图 9.2 所示，是采用沿对角受压的支撑杆来代替墙体的模型。该模型在侧向水平力作用下，填充墙与钢框架主体之间的应力仅在填充墙受压区的边界上互相传递，填充墙体在钢框架结构体系中的作用类似于桁架体系中斜对角受压杆的作用，二者均只承受压力，不承受拉力。因此在计算结构内力时，便能根据结构柱顶侧移相等的原则，使填充墙等效为仅受压力的对角压杆。该模型具有简单实用的优势，在某种程度上也可以反映出填充墙与框架之间的相互作用[36]。

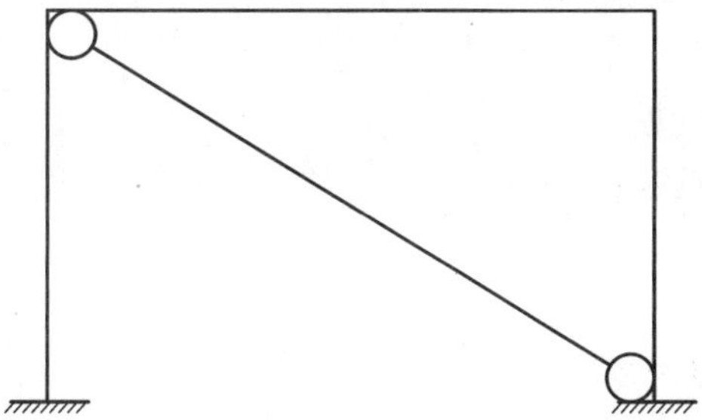

图 9.2　等效单压杆模型

假定等效斜向单压杆与填充墙体材料相同，横截面的高度取填充墙体的厚度。等效单压杆的有效宽度是该模型最重要的参数，其数值的确定与填充墙体的材料性质和尺寸大小等有关。等效单压杆的有效宽度 w 计算公式为：

$$w=\frac{0.85h\cos\theta}{\sqrt{\lambda_h}} \tag{9.1}$$

$$\lambda_h=\left(\frac{E_c t h^3\sin 2\theta}{4E_s I}\right)^{1/4} \tag{9.2}$$

式中　h——内嵌墙体高度；

t——内嵌墙体厚度；

θ——内嵌墙体对角线与水平线之间的夹角；

λ_h——内嵌墙体与钢框架刚度比；

E_c——内嵌墙体材料弹性模量；

E_s——钢材弹性模量；

I——钢框架柱截面惯性矩。

9.1.2.2　等效三支杆模型

Wael W. El-Dakhakhni 在等效单压杆模型的基础上提出了三支杆模型，如图 9.3 所示，其能够等效模拟填充墙体与框架梁、柱在较宽的接触长度范围内产生的高应力，以及梁、柱变形受到填充墙体约束作用产生的真实内力分布。模拟墙体，除了用沿对角线方向的一个斜向支撑外，同时将两个偏对角支撑增加在主对角支撑两侧梁、柱弯矩值较大的地方，形成三支压杆的等效对角支撑。该模型考虑了框架和填充墙的接触长度以及三支杆的截面面积。若假设墙体对角受压区的横截面积为 A，则上、下两个受压区的横截面积分别为 $A/2$，可分别用两个偏支杆对上、下两个受压区进行等效简化。两个偏支杆与主对角支撑合并为三支杆模型时，主对角支撑的受压截面面积为 $A/2$，两偏对角支撑的受压截面面积分别为 $A/4$，继而提出了框架与填充墙接触长度 h_c、l_b 及等效对角支撑的总截面面积 A 的计算公式：

$$h_c=\alpha_c h=\sqrt{\frac{2(M_{pj}+0.2M_{pc})}{tf'_{m-0}}}\leqslant 0.4h \tag{9.3}$$

$$l_b=\alpha_b l=\sqrt{\frac{2(M_{pj}+0.2M_{pb})}{tf'_{m-90}}}\leqslant 0.4l \tag{9.4}$$

$$A=\frac{(1-\alpha_c)\alpha_c ht}{\cos\theta} \tag{9.5}$$

式中 α_c——柱接触长度系数；

α_b——梁接触长度系数；

h——柱高；

l——梁长；

M_{pc}——柱截面屈服弯矩；

M_{pb}——梁截面屈服弯矩；

M_{pj}——梁、柱节点最小屈服弯矩；

t——填充墙厚度；

f'_{m-0}——填充墙水平方向抗压强度；

f'_{m-90}——填充墙竖直方向抗压强度；

θ——主对角支撑与底梁的夹角。

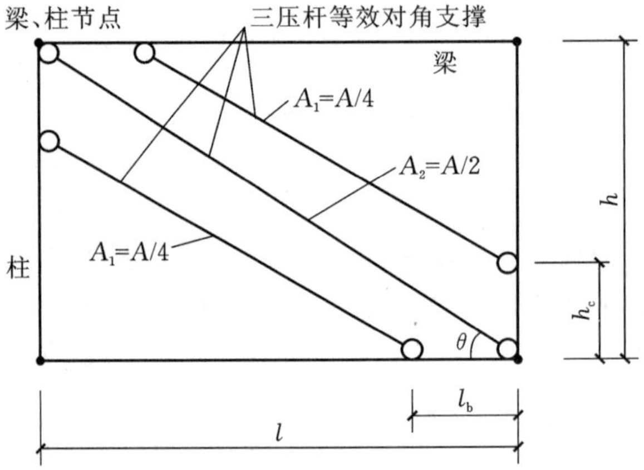

图 9.3 等效三支杆模型

9.1.2.3 等效斜撑杆模型

内嵌墙板钢框架结构整体刚度 K_{fw} 等于钢框架刚度 K_f 与等效钢斜撑刚度 K_t 之和。由于前期学者研究公式中设定等效斜杆材料与墙体材料相同，而在设计中设置钢斜支撑更为便捷，因此前文公式并不适用。等效钢斜撑刚度 K_t 等于内嵌墙板初始刚度 K_w 与刚度贡献系数 λ 的乘积。根据钢斜撑自身刚度计算公式可计算出钢斜撑截面面积 A，便可在常规结构设计软件中实现内嵌墙板对钢框架结构刚度贡献的考虑。计算公式如下：

$$K_{fw}=K_f+\lambda K_w \tag{9.6}$$

$$K_t=\frac{E_s A}{h_2}\cos^2\theta\sin\theta \tag{9.7}$$

$$K_w=D=\frac{1}{\delta_{弯曲}+\delta_{剪切}}=\frac{1}{\frac{H^3}{12EI}+\frac{\xi H}{GA}}=\frac{12EAI}{H(H^2A+36I)} \tag{9.8}$$

式中　h_2——墙板长度；

E_s——钢斜撑弹性模量；

θ——斜杆支撑与水平地面之间的夹角；

ξ——剪应力分布均匀系数，矩形截面取 1.2；

G——剪切模量，$G=0.4E$。

单位力 $P=1$ 作用时，顶端位移 δ 为：

$$\delta=\delta_{弯曲}+\delta_{剪切}=\frac{H^3}{12EI}+\frac{\xi H}{GA} \tag{9.9}$$

内嵌墙板刚度计算采用计算砌块填充墙刚度类似的公式，结构顶端产生单位位移所需的力即为墙体抗侧刚度 D。内嵌墙板钢框架结构整体刚度 K_{fw}、钢框架刚度 K_f 可通过试验和计算手段得到，便可得到内嵌墙板对钢框结构刚度贡献系数 λ，可通过 $A=\frac{\lambda K_w h_2}{E_s\cos^2\theta\sin\theta}$求得等效斜撑的截面面积，从而在结构计算中对内嵌墙板刚度贡献进行考虑。

9.2　试验研究

针对三种不同类型的钢框架，即空框架、焊接卡件连接方式墙板钢框架、新型耳扣连接方式墙板钢框架进行拟静力试验，通过对不同连接方式下内嵌墙板钢框架结构滞回性能进行对比，分析墙板对钢框架的刚度贡献，进而对不同地震烈度下刚度贡献系数进行分析。

9.2.1　试验试件

试验试件尺寸见图 9.4，钢框架尺寸为 2020 mm(宽)×1750 mm(高)，墙板尺寸为 90 mm(厚)×600 mm(宽)×1450 mm(高)，每一个内嵌墙板框架需要三块墙板进行搭接。试验分别将三种框架命名为空框架(KJ-1)、传统连接框架(KJ-2)、耳扣连接框架(KJ-3)，如图 9.5 所示。

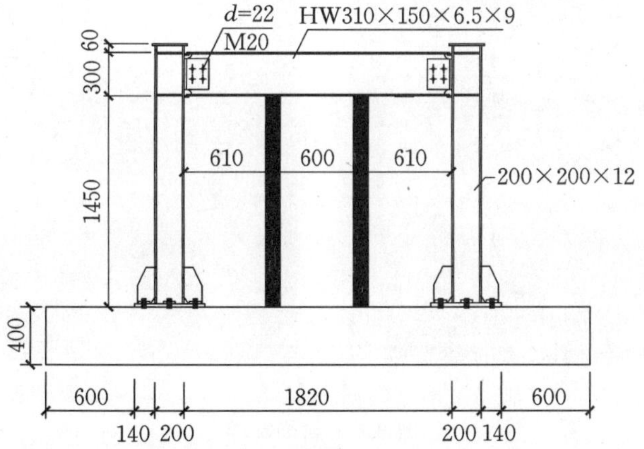

图 9.4　试件尺寸

图 9.5　三种钢框架

地梁尺寸为 3600 mm×300 mm×450 mm，内部预置地脚螺栓，在地梁就位后将钢框架直接吊装到固定位置。与框架接触梁面为自然毛面，地梁两端预埋吊钩，用于吊装移动试件。地梁制作过程如图 9.6 所示。

图 9.6　地梁制作

(a) 绑扎钢筋笼；(b) 搅拌混凝土；(c) 混凝土振捣；(d) 混凝土成型

轻质隔墙板尺寸为2080 mm×600 mm×90 mm，容重为81 kg/m³，其制作材料包含水泥、无害化磷石膏、粉煤灰、炉渣、苯板颗粒、发泡剂、钢丝网等，其强度接近C25混凝土强度。墙板制作见图9.7。

(a)

(b)

图9.7 墙板制作

(a) 轻质隔墙板；(b) 切割板材

9.2.2 试验方案

9.2.2.1 拟静力试验加载方案

试验过程中，框架的竖向荷载采用油压千斤顶施加，所采用的加载装置主要为MTS液压伺服及油压千斤顶加载装置，试验加载装置示意图如图9.8所示，采用位移控制加载制度，如图9.9所示。

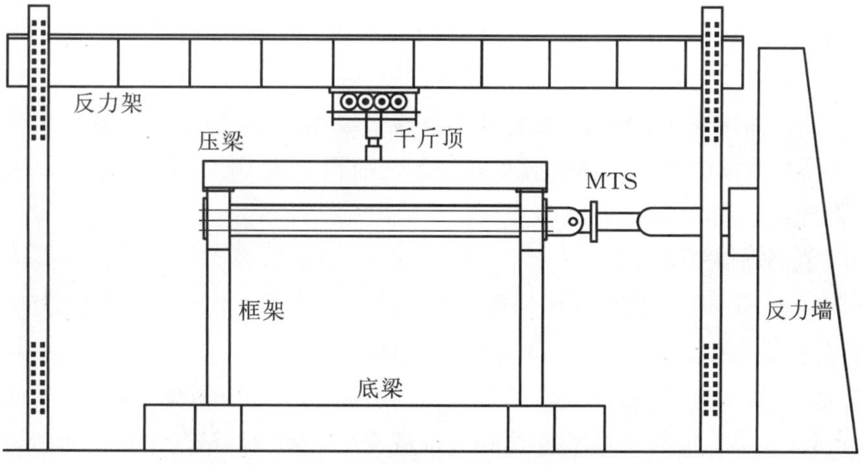

图9.8 试验加载装置示意图

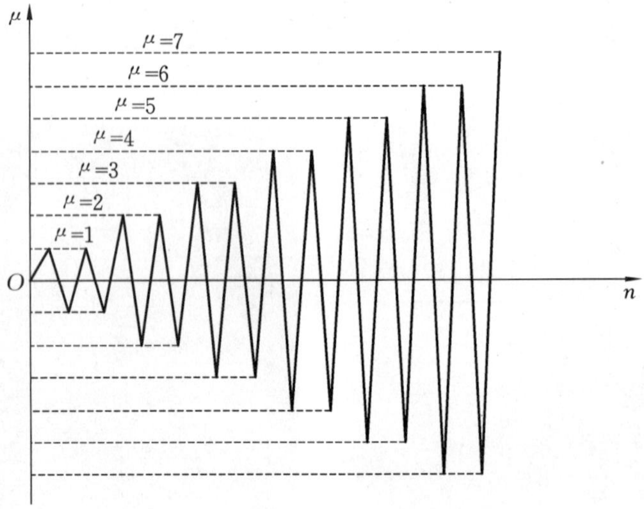

图 9.9　加载制度

试验时，竖向荷载由油压千斤顶施加到压梁上，压梁再传递到框架钢梁上，以实现对框架的均布加载。然后在框架钢柱上端位置，用油压千斤顶施加低周反复水平荷载。

在试验过程中，框架的水平荷载是利用 MTS 电液压伺服加载系统进行加载。整个试验过程采用位移控制加载制度，开始试验前，先试推 5 级，确认测量设备运转正常后回到初始位置正式开始试验。初始位移为 0 mm，之后逐级加载，每级位移增量取为 0.5 mm，每级加载循环一次。每加载完一次后，按要求停留相应的时间待数据稳定，期间同时采集试验数据和记录试验现象。当试验进行到预设的级数时，试验终止。试验数据采集采用实验室 MTS 的控制电脑以及应变采集箱进行；对于竖向荷载的加载过程，使用日本进口的 TDS 数据采集系统进行控制。

（1）竖向荷载加载方案

竖向荷载的加载采用 50 t 手动油压千斤顶实现，竖向荷载加载数值通过 50 t 力传感器采集。根据经验取平均压应力为 0.2 MPa，通过与钢框架试件的换算，框架试件共需加载竖向荷载 54.6 kN。框架试件竖向加载采用 4 分点 2 级加载，全部竖向荷载平均分配为 3 级加载，每一级持荷时间为 30 s。在试验正式开始之前预加载 10 kN，经检查各试验设备均正常工作后，将荷载归零，开始正式试验加载。

（2）水平荷载加载方案

水平荷载的加载采用 MTS 液压伺服加载系统，选用 60 t 作动器（量程为推力 60 t，拉力 30 t），其荷载及位移量程分别为 300 kN、250 mm。

对于框架，其在加载初期，位移增量为 0.5 mm；加载至 15 mm 时，位移增量改为 2 mm；加载至 20 mm 以上时，位移增量增至 4 mm；加载至 40 mm 时，试验结束。每级进行两次循环加载。

9.2.2.2　测量方案

通过对比空框架 KJ-1 及带墙板框架 KJ-2、KJ-3 的拟静力试验得出的数据，从位移方面来说明钢框架的抗震效果。对于空框架 KJ-1，位移测点布置于框架柱方向的上、中两点及地梁处一点；对于带墙板框架，其位移测点相同。其测量方式均为单面测量，具体测量方案如图 9.10 所示。

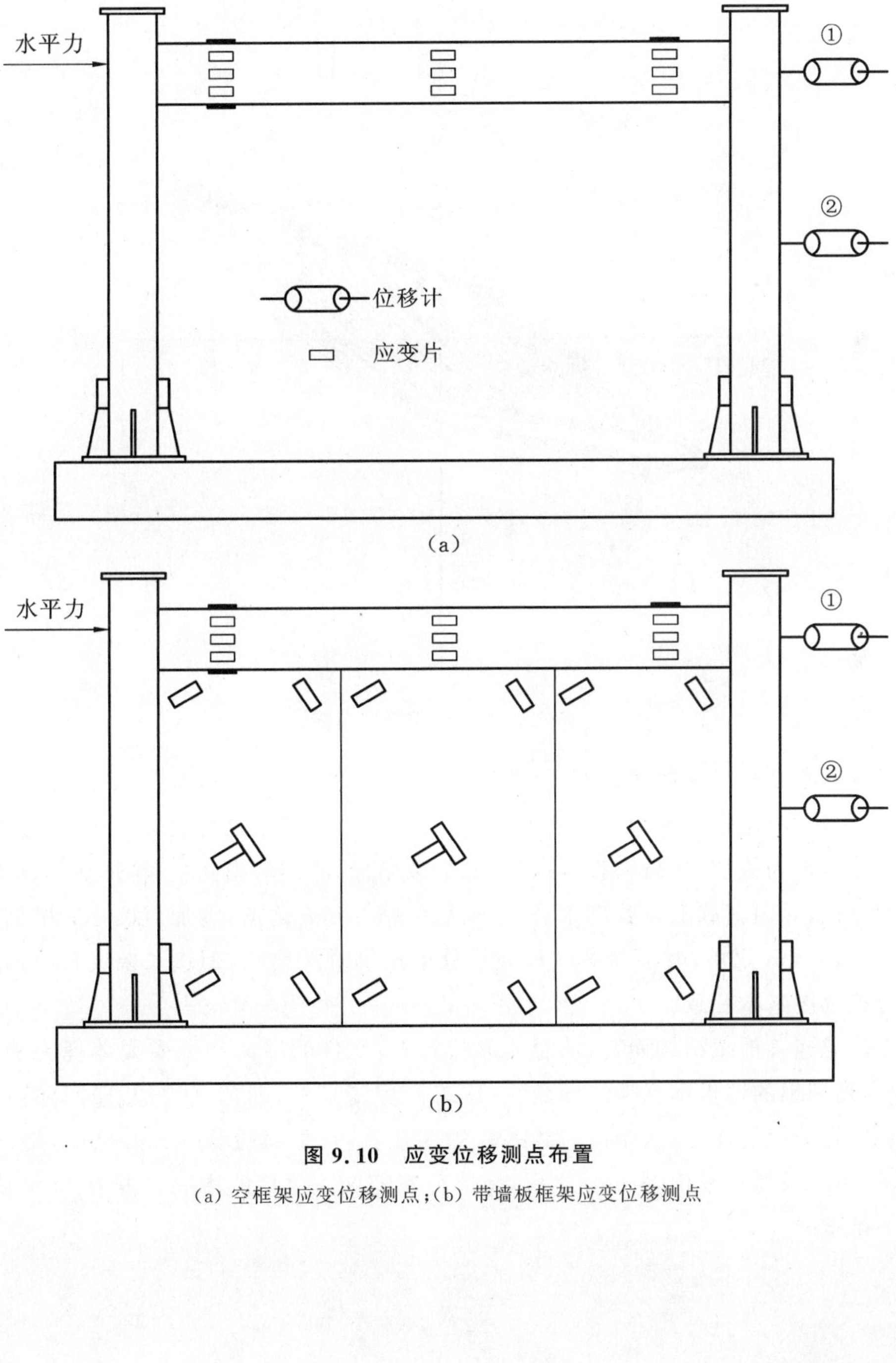

图 9.10　应变位移测点布置

(a) 空框架应变位移测点；(b) 带墙板框架应变位移测点

9.2.3 试验结果

9.2.3.1 滞回曲线

空框架、传统连接框架及耳扣连接框架滞回曲线分别见图 9.11 至图 9.13。

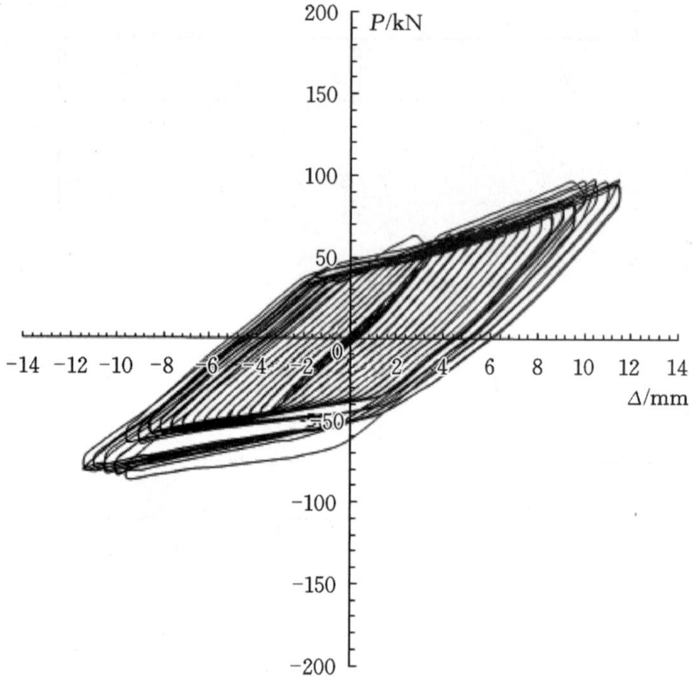

图 9.11　空框架滞回曲线

对于空框架结构滞回曲线而言，从整体形状来看，空框架试件的滞回曲线主要体现为梭形，耗能能力较好，是较为理想的典型的钢结构滞回曲线，无论是加载过程还是卸载过程，滞回曲线总体体现为线性；从疏密程度来看，随加载增加，滞回环由密变疏，体现出钢结构良好的耗能能力；从峰值荷载涨幅程度来看，在加载位移 3 mm 之前，随加载位移的增加，峰值荷载增长较快，3 mm 之后，峰值荷载随加载位移的增加继续增长，但增长幅度较小，且各级峰值荷载增长幅度基本一致。

对于传统连接框架结构而言，从总体形状来看，试件的滞回曲线主要体现为梭形，耗能能力较好，是理想的墙板钢框架滞回曲线；从疏密程度来看，随加载增加，滞回环由密变疏，体现出其良好的耗能能力；从峰值荷载涨幅程度来看，在加载位移 6 mm 之前，随加载位移的增加，峰值荷载增长较快，6 mm 之后，峰值荷载随加载位移的增加不再增长，从曲线上看几乎是一条直线。

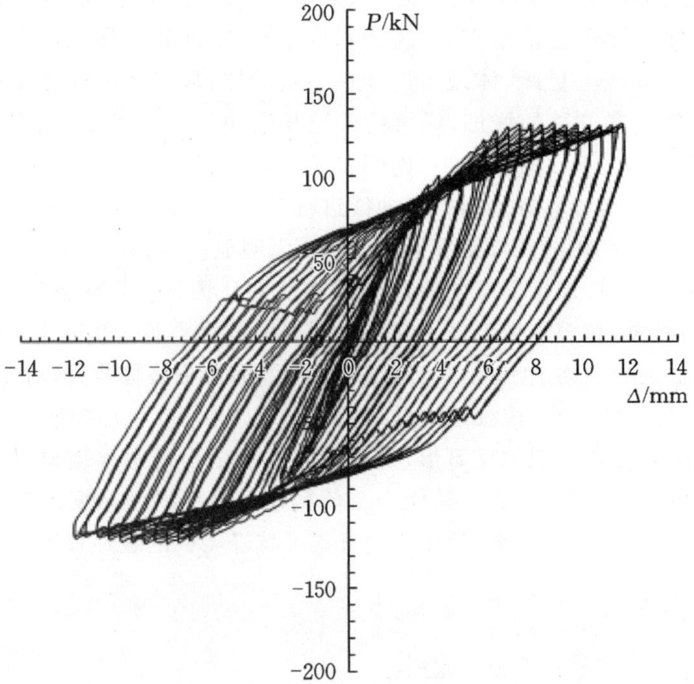

图 9.12 传统连接框架滞回曲线

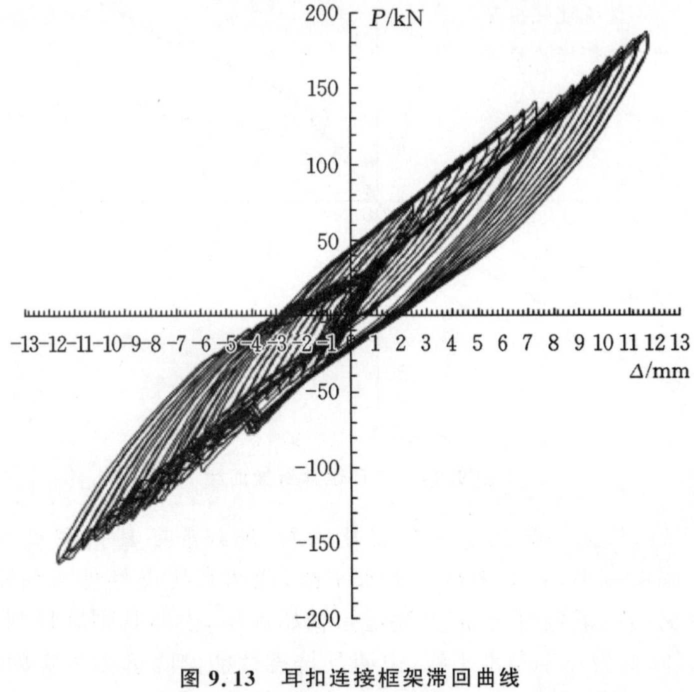

图 9.13 耳扣连接框架滞回曲线

对于耳扣连接框架结构而言，从总体形状来看，试件的滞回曲线逐渐从梭形转变为反 S 形，说明结构出现了一定程度的滑移；从疏密程度来看，随加载增加，滞回环由密逐渐开始变疏，可以预计其后期曲线会更疏，体现出耗能在一直增加；从峰值荷载涨幅程度来看，在加载位移 7 mm 之前，随加载位移的增加，峰值荷载增长较快，7 mm 之后，峰值荷载随加载位移的增加仍继续增加，增长幅度略微减小，说明其后期仍有很大的增长空间。

将传统连接框架曲线和耳扣连接框架曲线进行对比可以看出，位移在 6 mm 之前，传统连接框架与耳扣连接框架在相同位移条件下对应荷载无明显差异；在 6 mm 之后，传统连接框架曲线荷载趋于平缓，而耳扣连接框架曲线荷载依然呈上升状态。此现象与传统连接框架墙板裂缝出现在中前期有关，裂缝出现降低了墙板对框架的刚度贡献，6 mm 后墙板基本失去刚度贡献，而耳扣连接框架裂缝逐渐出现，一直延续到中后期，墙板破坏较轻，对于框架的刚度贡献损失缓慢。就滞回环形状而言，传统连接框架曲线呈现出梭形，而耳扣连接框架曲线在 7 mm 之前呈现为梭形，随后逐渐呈现为反 S 形，说明加载过程中出现滑移现象，进一步说明耳扣连接框架在加载过程中体现出较好的滑移能力。传统连接框架的残余变形较大，说明墙板破坏程度相对于耳扣连接框架较为严重，耳扣连接方式可减轻墙板的破坏程度。

9.2.3.2 骨架曲线

(1) 三种试件骨架曲线(图 9.14)分析

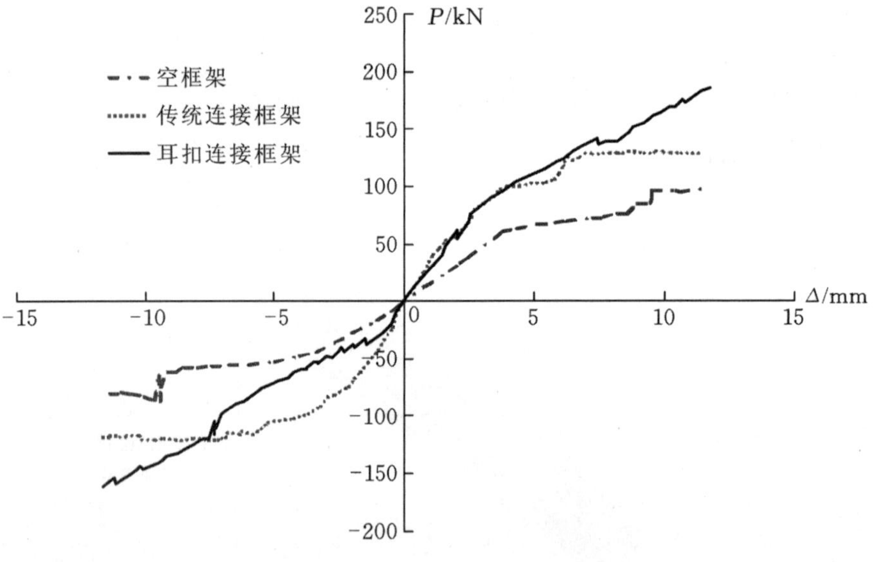

图 9.14 三种试件骨架曲线

对于空框架而言，从第一象限斜率的变化来看，加载前期其斜率基本保持恒定，位移 4 mm 之后斜率大幅度减小，表现为接近于水平线，说明其抗震性能有所降低；位移 8.5～9.5 mm 之间斜率又出现了短暂增加，并超过了初始斜率，说明其刚度得到了最大程度的发挥；之后，其斜率又降低为几乎是水平线，说明其抗震性能已降低为恒定的状态。从整体上看，空框架由于自始至终没有墙板来提供刚度，故其斜率一直小于带墙板框架。曲线仍没有下降说明框架没有破坏，由自身刚度承担地震荷载。

对于传统连接框架结构，从第一象限来看，加载前期，骨架曲线基本保持线性增长，墙板未出现裂缝；随后，伴随着试件裂缝的出现、增多和延伸，骨架曲线斜率减小，出现一个较小平台段；加载位移 6 mm 以后，骨架曲线斜率基本呈现平台段发展，直至试验结束。骨架曲线第一次出现平台段，伴随着墙板大量裂缝的出现，随后斜率上升，由于墙板内钢丝网的存在，使得墙板整体性增强；第二次平台段的出现是由于墙板的破坏使得其对钢框架结构的刚度贡献丧失。

对于耳扣连接框架结构，从第一象限来看，加载前期，骨架曲线基本保持线性增长，墙板未发生破坏；随后，伴随着试件裂缝的出现、增多和延伸，骨架曲线斜率减小，但幅度较小，随后在新的斜率上继续保持；加载位移 7～8 mm 时，骨架曲线斜率发生第二次变化，随后再一次保持在新的斜率上，直至试验结束。由于耳扣连接框架各墙板耳扣沿钢梁来回滑动耗能，向墙板传递的能量减少，使得墙板破坏减少，能保持自身刚度以及对钢框架结构的刚度贡献。两次斜率的变化是由于耳扣连接框架各墙板耳扣与钢梁摩擦系数较大，使得滑动在一定程度上并不顺畅。

(2) 两个带墙板试件的对比

传统连接框架及耳扣连接框架骨架曲线如图 9.14 所示。在加载前期，两者骨架曲线基本重合，表明耳扣连接方式下，结构整体性能与传统连接方式基本相同，在位移为 2.5～3 mm 时，二者曲线斜率开始减小，但耳扣连接框架曲线斜率减小较缓，说明试件整体刚度减小，墙板开始发生破坏，试件破坏程度较轻，与试验现象相吻合；位移 4～6 mm 时，传统连接框架曲线出现平台段，说明墙板大量破坏，而耳扣连接框架曲线斜率减小较为缓慢，说明墙板破坏为持续性破坏，且破坏程度较轻；而后传统框架因裂缝压紧斜率突然增大，曲线进入平台段，说明墙板破坏基本完成，对钢框架的刚度贡献较小。但耳扣连接框架曲线斜率继续缓慢减小，并体现出更大荷载承受能力，说明耳扣连接方式下，结构整体性能较好。

9.2.3.3　刚度退化曲线

(1) 三种试件刚度退化曲线(图 9.15)分析

对于空框架而言，从曲线的退化情况来看，其降低速率较均匀，且在 3 mm 及 9 mm 处出现平缓顿挫现象，此与试验现象较为吻合。由于空框架的初始刚度要比其余两种带墙板框架小得多，其刚度变化较为平缓，从初始刚度到试验测量结束时的刚度，其退化的刚度量也没有超过 10 kN/mm。

对于传统连接框架结构，在相对较小的位移内其刚度发生了较快的退化。从整体上来看，曲线大体呈现快速的退化趋势，其中短暂的两次平缓顿挫也没有阻挡其退化速率的降低。由此可以看出，在墙板持续性的破坏过程中，传统连接方式对于结构整体破坏程度的减轻收效甚微。

对于耳扣连接框架结构，其刚度退化表现为由较快的退化速率逐渐变缓直至接近一条平滑直线段的趋势，同时其测量末端刚度也较大。曲线与试验现象较为吻合，其实际破坏程度相对较轻，体现出了耳扣连接方式的优越性。

(2) 两个带墙板试件的对比

传统连接框架及耳扣连接框架的刚度退化曲线如图 9.15 所示。由此可见,传统连接框架刚度持续退化,降低速率较均匀,且在 3 mm 及 6 mm 处出现平缓顿挫现象,此与试验现象相吻合。而耳扣连接框架在 0~1 mm 时,刚度退化较快,原因为墙板与钢梁连接的砂浆开裂,随后墙板刚度退化速率逐渐降低,且耳扣在加载过程中沿钢梁滑移,减轻了墙板破坏程度;位移为 5 mm 以后,刚度退化明显减缓;在位移为 7.5 mm 时,两种框架刚度退化曲线交叉,此后耳扣连接框架体现出较大刚度,说明其墙板对钢框架的刚度贡献强于传统框架,进一步印证耳扣连接方式可减缓墙板破坏,使墙板对钢框架的刚度贡献可以维持在一定范围内。

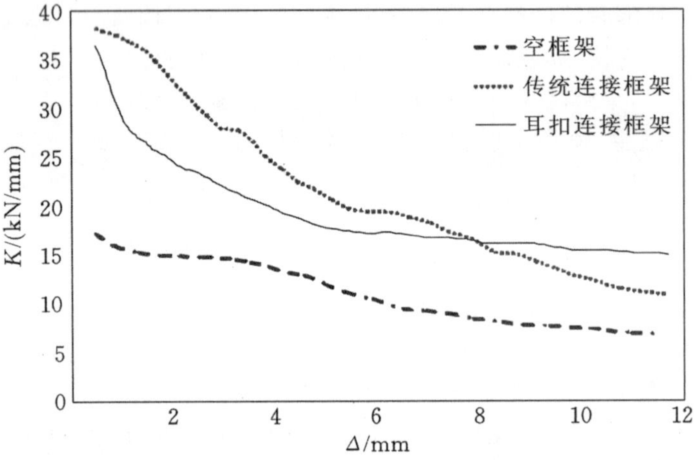

图 9.15 试验框架刚度退化曲线

9.2.3.4 耳扣连接框架滑动分析

耳扣连接框架各墙板耳扣与钢梁相对滑移量通过百分表获得,如图 9.16 所示,其中 x 轴表示墙板的位移,y 轴表示耳扣与钢梁的相对滑移量。从整体可见,墙板与钢梁连接耳扣滑移性能总体较好,其中 1 号墙板及 3 号墙板耳扣相对滑移量较大,2 号墙板耳扣滑移相对较小。原因为三块墙板形成整体,在往复作用下,受整体变形约束,荷载通过 2 号墙板向 3 号墙板的传力路线受阻,因此 2 号墙板破坏较其他两块墙板相对严重,与试验现象相吻合。

对 1 号墙板和 3 号墙板进行对比分析,从正方向来看,1 号墙板在 6 mm 处出现了最大位移,之后反向滑移在 8 mm 处达到极限,之后继续正向滑移;3 号墙板在 2 mm 处出现了最大位移,之后开始反向滑移。从反方向来看,1 号墙板在−6 mm 处出现最大位移,之后反向滑移至−9 mm 处达到极限,之后继续正向滑移;3 号墙板在−7 mm 处达到最大位移,之后开始缓慢反向滑移。由此可以看出,虽然二者滑移过程不尽相同,但都不同程度地出现了较大的滑移。从数值上来看,3 号墙板的最大滑移量高于 2 号墙板的最大滑移量,这也与试验现象保持一致,3 号墙板的破坏程度要低于 2 号墙板。

将 2 号墙板与 1 号、3 号墙板对比可以看出,其滑移情况正负方向基本一致,在位移 ±12 mm处达到最大滑移量,这一过程中墙板破坏较轻,后期滑移量较小,墙板破坏较重、裂缝较多,与试验现象相对应。

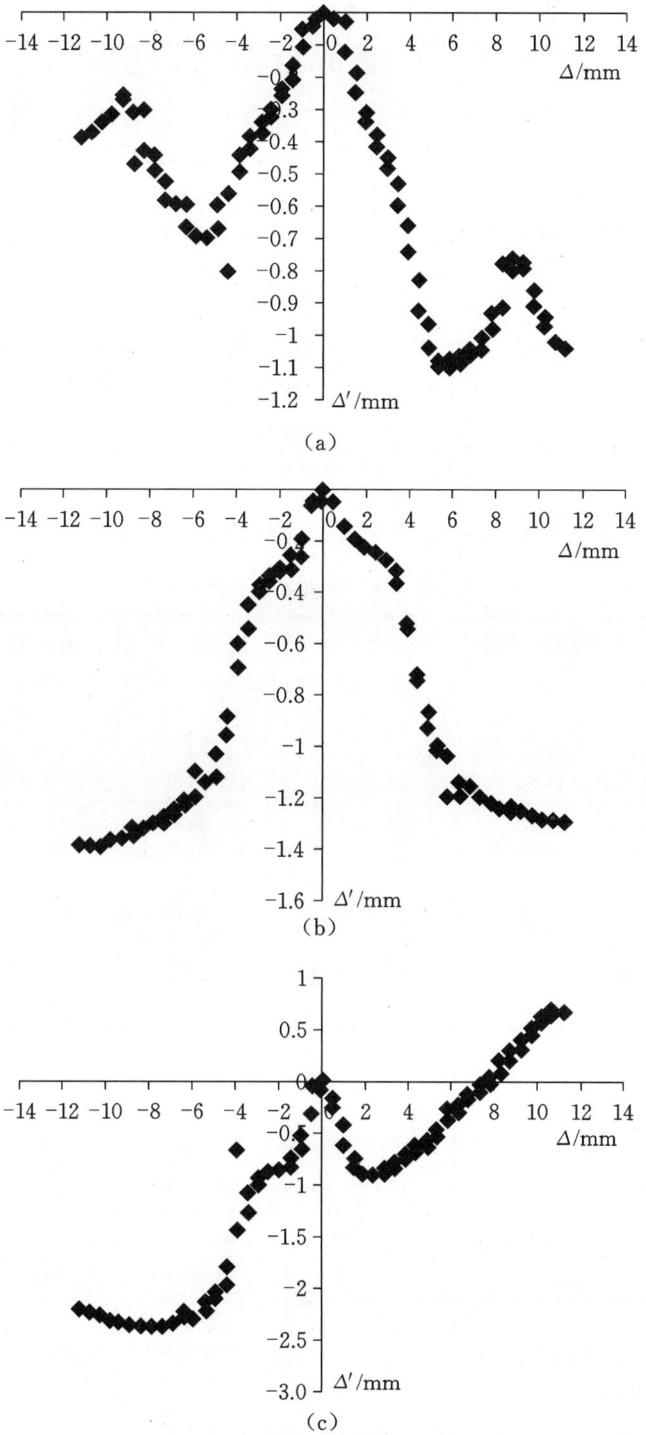

图 9.16　耳扣连接件相对滑移

(a) 1 号墙板；(b) 2 号墙板；(c) 3 号墙板

9.3 刚度贡献系数取值

运用计算公式及试验结果(表9.1),能够得出刚度贡献系数随层间位移角增大的变化规律。其中,内嵌墙板刚度计算采用计算砌块填充墙刚度类似的公式。因为结构顶端产生单位位移所需的力即为墙体抗侧刚度 D。单位力 $P=1$ 作用时,顶端位移为:

$$\delta=\delta_{弯曲}+\delta_{剪切}=\frac{H^3}{12EI}+\frac{\xi H}{GA}$$

其中,ξ 为剪应力分布均匀系数,矩形截面取1.2,$G=0.4E$,$E=6736\ \text{GPa}$,$I=4.374\times10^{10}\ \text{mm}^4$,墙体高度 $H=1450\ \text{mm}$,$A=1.62\times10^5\ \text{mm}^2$,其作用力为:

$$D=P=\frac{1}{\frac{H^3}{12EI}+\frac{\xi H}{GA}}=\frac{12EAI}{H(H^2A+36I)}=20.6\ \text{kN}\cdot\text{mm}$$

结构总刚度以及框架刚度可根据刚度退化曲线查得。

表9.1 刚度贡献分析

序号	试件	层间位移角	层间位移/mm	结构总刚度/(kN/mm)	框架刚度/(kN/mm)	内嵌墙板刚度/(kN/mm)	刚度贡献系数
1	传统连接框架	1/150	10.67	11.671	7.280	20.600	0.213
2		1/200	8.00	16.032	8.373	20.600	0.372
3		1/250	6.40	18.431	9.918	20.600	0.413
4		1/300	5.33	20.655	11.364	20.600	0.451
5		1/350	4.57	22.426	12.632	20.600	0.475
6		1/400	4.00	24.537	13.576	20.600	0.532
7		1/450	3.56	26.091	14.156	20.600	0.579
8		1/500	3.20	27.319	14.531	20.600	0.621
9		1/550	2.91	28.329	14.651	20.600	0.664
10		1/600	2.67	29.621	14.729	20.600	0.723
11		1/650	2.46	30.752	14.793	20.600	0.775
12		1/700	2.29	31.669	14.844	20.600	0.817
13		1/750	2.13	32.533	14.893	20.600	0.856
14		1/800	2.00	33.235	14.932	20.600	0.888
15		1/850	1.88	33.882	14.983	20.600	0.917
16		1/900	1.78	34.422	15.062	20.600	0.940
17		1/950	1.68	34.962	15.141	20.600	0.962
18		1/1000	1.60	35.393	15.204	20.600	0.980

续表 9.1

序号	试件	层间位移角	层间位移/mm	结构总刚度/(kN/mm)	框架刚度/(kN/mm)	内嵌墙板刚度/(kN/mm)	刚度贡献系数
1	耳扣连接框架	1/150	10.67	15.807	7.280	20.600	0.414
2		1/200	8.00	16.690	8.373	20.600	0.404
3		1/250	6.40	17.289	9.918	20.600	0.358
4		1/300	5.33	17.818	11.364	20.600	0.313
5		1/350	4.57	18.746	12.632	20.600	0.297
6		1/400	4.00	19.784	13.576	20.600	0.301
7		1/450	3.56	20.845	14.156	20.600	0.325
8		1/500	3.20	21.776	14.531	20.600	0.352
9		1/550	2.91	22.514	14.651	20.600	0.382
10		1/600	2.67	23.041	14.729	20.600	0.403
11		1/650	2.46	23.436	14.793	20.600	0.420
12		1/700	2.29	24.011	14.844	20.600	0.445
13		1/750	2.13	24.409	14.893	20.600	0.462
14		1/800	2.00	24.754	14.932	20.600	0.477
15		1/850	1.88	25.186	14.983	20.600	0.495
16		1/900	1.78	25.642	15.062	20.600	0.514
17		1/950	1.68	26.098	15.141	20.600	0.532
18		1/1000	1.60	26.462	15.204	20.600	0.547

图 9.17 所示为传统连接框架和耳扣连接框架刚度贡献系数对比图。

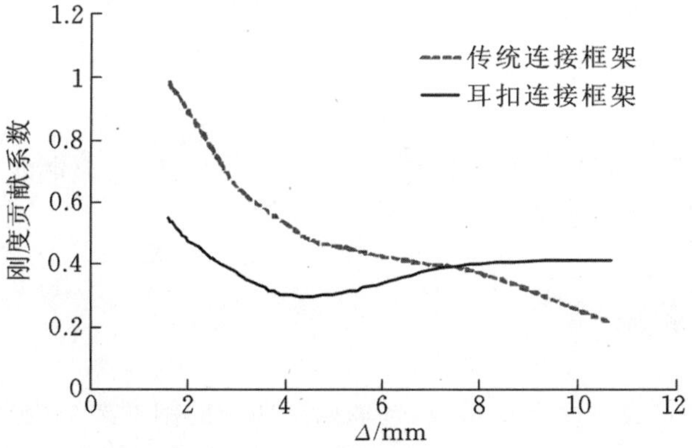

图 9.17　刚度贡献系数对比图

从传统连接框架的各点所构成的曲线可以看出，其变化趋势始终是下降状态。位移在4.57 mm之前，刚度贡献系数以较大的斜率下降，从初始值0.980一直下降到0.475，下降了51.5%。之后其下降开始变慢，位移10.67 mm时，系数为0.213，又下降了55.2%。整体来看，从0.980到0.213下降了78.3%，说明墙板对结构的刚度贡献降低了很多，传统连接方式下墙板并不能使结构持续获得较大刚度。

从耳扣连接框架的各点所构成的曲线可以看出，刚度贡献系数变化趋势为前期下降，后期上升。位移在4.57 mm之前，其以较大的斜率下降，从初始值0.547一直下降到0.297，下降了45.7%。之后曲线开始上升，位移10.67 mm时，系数升至0.414，上升了28.3%。整体来看，从0.547到0.414下降了24.3%，说明墙板对结构刚度贡献降低较少，后期仍然有上升的趋势，说明耳扣连接方式下墙板可以持续给结构提供较大刚度。

对比二者曲线可以发现，初始状态下耳扣连接方式比传统连接方式的刚度贡献系数数值小很多，这是因为在早期由于采用耳扣连接方式的栓孔构造墙板对结构提供不了很大的刚度。位移4.57 mm之前两种曲线下降的斜率基本相同，这也与试验现象相吻合，二者墙板的破坏程度也基本相似。位移4.57 mm之后，二者出现了较大变化，传统连接框架曲线斜率减小但刚度贡献系数仍然下降，耳扣连接框架曲线斜率开始上升。从试验现象上来说，传统连接框架由于墙板与框架间黏结砂浆开裂，裂缝增多，故其对整体结构的刚度贡献一直下降；耳扣连接框架由于耳扣的滑动耗能可以减轻黏结砂浆的破坏与墙板的开裂，墙板的刚度贡献对于整体结构有所提高，于是曲线开始上升。对比曲线的发展趋势可以看出，传统连接框架曲线仍会继续下降，因为墙板的继续破坏会继续破坏墙板与框架间的协同作用，使其刚度贡献下降；耳扣连接框架曲线仍会缓慢上升，尽管上升幅度不大，但仍能保证墙板对于整体结构有着一定的刚度贡献，使二者协同工作。

9.4 案例分析

采用结构设计软件PKPM，用刚度贡献系数考虑内嵌墙板影响的算例作为参考系，计算参考系所对应的梁、柱等构件截面形式及层间位移角，将梁、柱等构件截面形式和层间位移角作为控制变量，代入刚度计算公式计算柱间支撑，对内嵌墙板钢框架结构刚度计算公式可行性进行验证。设计流程如图9.18所示。

9.4.1 设计参数

根据理论计算公式及刚度贡献系数，选取两层四跨的钢框架结构进行分析，设计地震分组为第二组，设防烈度为8(0.2*g*)，场地类别为Ⅲ类，钢框架抗震等级为三级，算例模型开间8400 mm，进深8400 mm，层高3300 mm。钢材为Q345钢，钢柱选用四种截面形式，分别为：HW400×400钢材，腹板厚13 mm，上下翼缘厚度21 mm；HW310×310钢材，腹板厚12 mm，

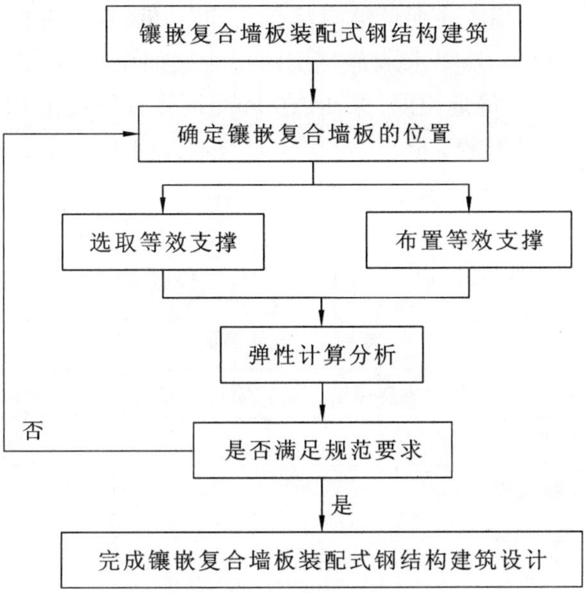

图 9.18　设计流程图

上下翼缘厚度 18 mm；HW310×310 钢材，腹板厚 12 mm，上下翼缘厚度 19 mm；HW300×300 钢材，腹板厚 10 mm，上下翼缘厚度 15 mm。钢梁主梁采用 HM650×300 钢材，腹板厚 12 mm，上下翼缘厚度 20 mm。同时在每跨间每隔 2800 mm 布置一根次梁，次梁两端为铰接，选用两种截面形式，分别为：HN400×150 钢材，腹板厚 8 mm，上下翼缘厚度 13 mm；HN400×200 钢材，腹板厚 9 mm，上下翼缘厚度 14 mm。平面布置如图 9.19 所示，楼面活荷载 2.2 kN/m^2，恒荷载 2.0 kN/m^2。

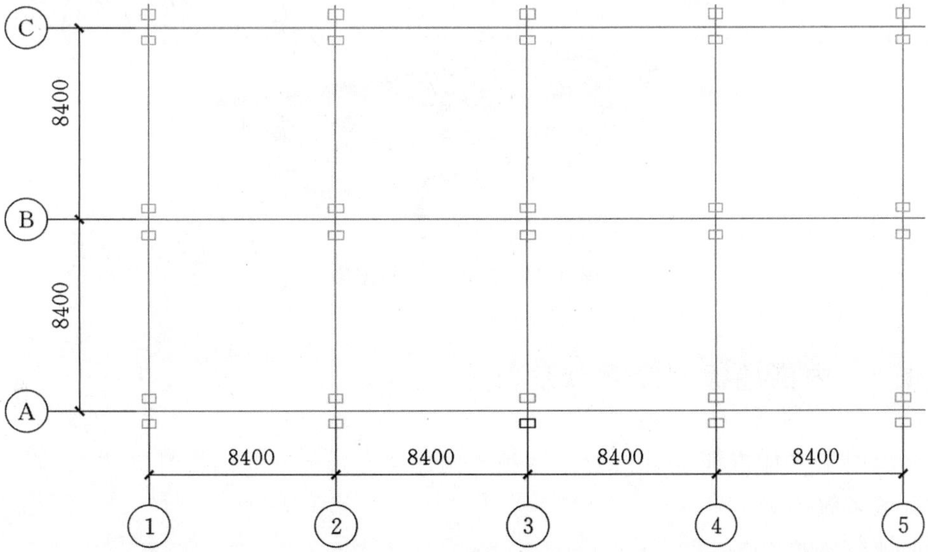

图 9.19　算例平面布置图

对于等效支撑，布置的原则是保证结构具有与带内嵌墙板结构相同的抗震能力，表现为二者具有相同的层间位移角，这里取规范规定的最大层间位移角 1/250。同时支撑布置位置与结构的内嵌墙板位置应尽量相同，保证结构的相同性。经过在 PKPM 软件中多次尝试分析，沿结构四边柱间分别布置 1 根长 9025 mm、与地面间夹角为 21.72°的斜向支撑，可以使得层间位移角等于 1/250，同时具有与内嵌填充墙板相当的抗震效果，进而保证分析的准确性。

本案例共设计了 4 种计算工况，具体见表 9.2，立体模型如图 9.20、图 9.21。

表 9.2　计算工况

工况	名称	钢框架	墙体质量	周期折减	柱间支撑
1	传统连接框架周期折减	√	√	√	—
2	传统连接框架等效支撑	√	√	—	√
3	耳扣连接框架周期折减	√	√	√	—
4	耳扣连接框架等效支撑	√	√	—	√

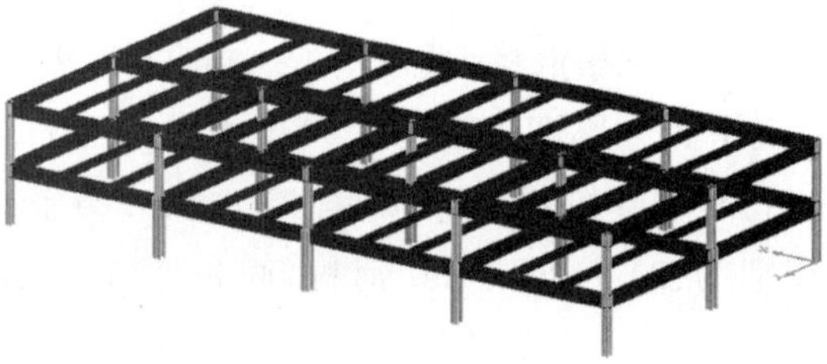

图 9.20　工况 1、3 模型图

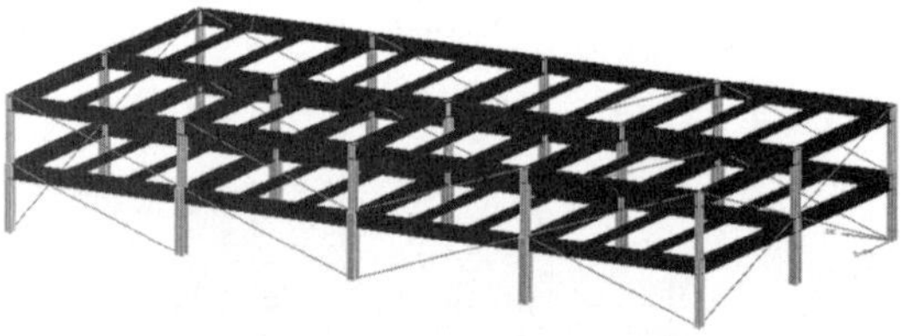

图 9.21　工况 2、4 模型图

9.4.2　内嵌墙板刚度贡献系数

根据周期 T 和刚度 K 可以计算出两种不同连接方式下钢框架的周期，进而求得内嵌墙板刚度贡献系数。

周期计算公式如下：

$$T=2\pi\sqrt{\frac{m}{k}} \tag{9.10}$$

钢框架柱的截面形式：HW200×200×8×12，截面面积为 63.53 cm^2；钢框架梁的截面形式：HN350×150×6.5×12，截面面积为 62.91 cm^2；内嵌墙板的面积：(165－35)×9＝1170 cm^2。钢框架柱质量为 164.67 kg，钢框架梁质量为 83.61 kg，内嵌墙板质量为 17.06 kg。

当层间位移角取为 1/250 时，层间位移为 6.40 mm，由骨架曲线可以得到空框架刚度为 9.918 kN/mm，传统连接框架刚度为 18.431 kN/mm，耳扣连接框架刚度为 17.289 kN/mm。由此可以得到 $T_{传统}=0.0238$ s，$T_{耳扣}=0.0246$ s，$T_{空}=0.0314$ s。

由此可以求得两种框架的内嵌墙板刚度贡献系数：

$$\begin{aligned}\beta_{传统}&=\frac{T_{传统}}{T_{空}}=0.758\\ \beta_{耳扣}&=\frac{T_{耳扣}}{T_{空}}=0.783\end{aligned} \tag{9.11}$$

考虑到试验与实际工程之间的不同，为确保镶嵌复合墙板装配式钢结构建筑设计的安全性，可以在模拟分析时对二者的内嵌墙板刚度贡献系数进行折减设置，在 PKPM 软件内对钢框架周期参数进行折减，并由此推算出与柱间支撑等效的墙板所带来的刚度贡献值。

9.4.3 等效钢斜撑截面面积

利用如下柱间支撑刚度计算公式：

$$K_t=\frac{E_sA}{h_2}\cos^2\theta\sin\theta$$

$$K_{fw}=K_f+\lambda K_w=K_f+K_t$$

可得到柱间支撑的截面面积：

$$A=\frac{\lambda K_w h_2}{E\cos^2\theta\sin\theta}$$

其中 $E=206000$ MPa，$h_2=3300$ mm，$\cos\theta=0.93$，$\sin\theta=0.37$，$K_w=13.98$ kN/mm，$\lambda_{传统}=0.413$，$\lambda_{耳扣}=0.358$。

传统连接框架：计算面积 $A_1=234.42$ mm^2，实际取值面积 $A_2=A_1\cdot\beta_{传统}=177.69$ mm^2；

耳扣连接框架：计算面积 $A_3=203.20$ mm^2，实际取值面积 $A_4=A_3\cdot\beta_{耳扣}=159.11$ mm^2。

9.4.4 计算及结果分析

(1) 工况 1：进行周期折减的钢框架结构（类比传统连接框架情况）的建模。

设计参数如下：开间 8400 mm，进深 8400 mm，纵向四跨，横向两跨。钢材为 Q345 钢，钢柱采用 HW400×400 钢材，腹板厚 13 mm，上下翼缘厚度 21 mm。

钢梁主梁采用 HM650×300 钢材，腹板厚 12 mm，上下翼缘厚度 20 mm。同时在每跨间每隔 2800 mm 布置一根次梁，次梁两端为铰接，选用 HN400×150 钢材，主梁截面腹板厚 8 mm，上下翼缘厚度 13 mm。结构设置为两层，每层层高 3300 mm，布有楼板，楼面活荷载 2.2 kN/m^2，恒荷载 2.0 kN/m^2。周期折减系数取为 0.80。

整个建模过程包括轴网布置、构件布置、荷载布置和楼层组装，通过三维模型可以很清楚地看出框架整体的布置情况。

建模完成后进行 SATWE 分析设计，主要包括前处理，生成数据并计算，以及计算结果的查看。从计算结果中可以直观地查看模型的振型、位移以及内力，同时生成计算书，提取出层间位移角、楼层位移、楼层剪力等指标。

（2）工况 2：传统连接框架等效支撑。计算参数除增加刚度贡献系数外与工况 1 大体相同。建模过程基本上也是与工况 1 相同，但需要在结构四边柱间分别布置一根侧向支撑。截面大小根据 9.4.3 节的计算结果进行设置，设置为截面边长为 13 mm 的方钢柱。同样可以从分析结果中对模型的振型、位移以及内力进行查看，生成计算书后也可提取出层间位移角、楼层位移、楼层剪力等指标，与工况 1 进行对比。刚度贡献系数根据表 9.1 中传统连接框架层间位移角为 1/250 时的工况取值为 0.413。

（3）工况 3：进行周期折减的钢框架结构（类比耳扣连接框架情况）的建模，建模过程与工况 1 相同，周期折减系数取为 0.80。为使层间位移角为 1/250，次梁两端为铰接，选用 HN400×150 钢材，主梁截面腹板厚 8 mm，上下翼缘厚度 13 mm。当系数改变后，层间位移角、楼层位移、楼层剪力等参数也会发生改变，这为进一步对比研究提供了数据支撑。

（4）工况 4：耳扣连接框架等效支撑。与工况 2 建模与分析过程完全相同。但需要在结构四边柱间分别布置一根侧向支撑。截面大小根据 9.4.3 节的计算结果进行设置，设置为截面边长为 12.5 mm 的方钢柱。刚度贡献系数根据耳扣连接框架在 8 度（0.2*g*）小震下的工况取值为 0.358。

（5）结果分析

将四种工况进行对比，详见表 9.3。

表 9.3　建模分析结果

工况	名称	刚度贡献系数	柱间支撑截面	布置位置	层间位移角	误差
1	传统连接框架周期折减	—	—	—	1/250	11.35%
2	传统连接框架等效支撑	0.413	截面边长为 9 mm 的方钢柱	四边柱间各一根	1/282	
3	耳扣连接框架周期折减	—	—	—	1/250	9.42%
4	耳扣连接框架等效支撑	0.358	截面边长为 8 mm 的方钢柱	四边柱间各一根	1/276	

通过分析可知：工况 1 未布置等效支撑，只是对周期进行一个系数上的折减，由此得到框架的层间位移角；工况 2 未进行周期折减，而是进行柱间支撑的布置，其在结构四边柱间

分别布置一根侧向支撑，每根支撑截面边长为 9 mm，此时算得的层间位移角为 1/282，层间位移角的误差是 11.35%，说明刚度贡献系数准确。而采用耳扣连接方式的两个工况的区别在于，工况 3 未布置等效支撑，只是对周期进行一个系数上的折减，由此得到框架的层间位移角；工况 4 未进行周期折减，而是进行柱间支撑的布置，其在结构四边柱间分别布置一根侧向支撑，每根支撑截面边长为 8 mm，此时算得的层间位移角为 1/276，层间位移角的误差是 9.42%，说明了刚度贡献系数的准确性。由工况 2 和工况 4 对比可知，二者层间位移角的误差非常小，说明了刚度贡献系数的准确性。由此验证了刚度贡献系数的准确性，从而说明耳扣连接框架的抗震性能优于传统连接框架。

参 考 文 献

[1] 中华人民共和国住房和城乡建设部.装配式钢结构建筑技术标准:GB/T 51232—2016[S].北京:中国建筑工业出版社,2016.

[2] 陈福广.新型墙体材料手册[M].2版.北京:中国建材工业出版社,2001.

[3] 张超,袁康,张佳明,等.一种预制装配式钢结构墙板连接组件:CN206971539U[P].2018-02-06.

[4] 张超,郭军林,张华,等.内嵌墙板钢框架结构节点连接方式研究现状及思考[J].低温建筑技术,2018,40(10):21-23.

[5]《轻型钢结构设计指南》编委会.轻型钢结构设计指南:实例与图集[M].北京:中国建筑工业出版社,2000.

[6] 湖北省计划委员会.冷弯薄壁型钢结构技术规范[M].北京:中国计划出版社,2002.

[7] 郝际平,孙晓岭,薛强,等.绿色装配式钢结构建筑体系研究与应用[J].工程力学,2017,34(1):1-13.

[8] 陈龙.装配式钢结构建设物设计[J].建材与装饰,2018(20):133.

[9] 曹杨,陈沸镔,龙也.装配式钢结构建筑的深化设计探讨[J].钢结构,2016,31(2):72-76.

[10] 王艳军.绿色装配式钢结构建筑体系研究与应用[J].城市建设理论研究(电子版),2017(24):103.

[11] 刘永霞.预制装配式钢结构建筑设计要点及经济性研究[J].中国新技术新产品,2016,331(21):167-168.

[12] 张大伟.装配式钢结构建筑的深化设计分析[J].建材与装饰,2016(39):104.

[13] 赵宏观.绿色装配式钢结构建筑体系研究与应用[J].绿色环保建材,2018(2):29.

[14] 梁栋,宋彪,沈重.装配式钢结构建筑研究及应用[J].建设科技,2016(19):79-81.

[15] 北京建筑工程学院建筑技术教研组.装配式建筑设计[M].北京:中国建筑工业出版社,1983.

[16] 井长源,李开明.预制装配式建筑设计实践及问题探讨[J].工程技术研究,2016(6):35.

[17] 刘晓全.预制装配式建筑设计要点解析[J].住宅与房地产,2016(24):33,75.

[18] 刘晓艳,张以庆.探讨预制装配式建筑结构体系与设计[J].住宅与房地产,2016(6):219.

[19] 张爱林,赵越,刘学春.装配式钢结构新型轻质叠合楼板设计研究[J].工业建筑,2014,44(8):46-49.
[20] 赵东拂,孟颖.装配式钢结构住宅外围护结构体系的发展与应用[J].建筑结构,2016,46(S2):433-436.
[21] 张爱林,胡婷婷,刘学春.装配式钢结构住宅配套外墙分类及对比分析[J].工业建筑,2014,44(8):7-9.
[22] 张玉中,温革生.基于BIM技术的装配式钢结构住宅发展浅析[J].河北企业,2017(7):204-205.
[23] 宋晔皓.装配式建筑[J].城市建筑,2017(13):3.
[24] 中国建筑金属结构协会建筑钢结构委员会,住房和城乡建设部科技发展促进中心.钢结构住宅设计规范:CECS 261:2009[M].北京:中国建筑工业出版社,2009.
[25] 叶之皓.我国装配式钢结构住宅现状及对策研究[D].南昌:南昌大学,2012.
[26] 刘东卫.装配式建筑标准规范的"四五六"特色——《装配式混凝土建筑技术标准》和《装配式钢结构建筑技术标准》编制解读[J].工程建设标准化,2017(5):16-17.
[27] 高青.装配式钢结构建筑研究及应用[J].建材与装饰,2018(10):146.
[28] 曹启光,张永辉.某装配式钢结构住宅项目施工技术[J].施工技术,2017,46(18):8-10.
[29] 朱玲玲.装配整体式混凝土框架结构拆分设计注意事项[J].建筑技术开发,2016(10):112-113.
[30] 王威.基于Revit软件下的装配式建筑结构拆分设计[J].建筑技术开发,2019(15):1-5.
[31] 江娅.BIM的应用对建筑产业化提升的意义[J].重庆建筑,2016,15(8):5-6.
[32] 余腾飞.BIM技术在装配式建筑设计阶段中的应用研究[D].重庆:重庆大学.2018.
[33] 张磊.BIM技术在装配式建筑中的应用标准研究[J].中国标准化,2016(15):83,85.
[34] 朱瑞添,王超,王耀.基于BIM技术的装配式建筑设计与制造协同应用研究[J].中国建设信息化,2017(16):68-69.
[35] 吴宗强,韦武昌,洪思源.基于BIM技术的装配式结构设计方法研究[J].安徽建筑,2018,24(1):253-255.
[36] 高松召.基于等效斜撑模型的内嵌墙板钢框架抗震性能研究[D].哈尔滨:哈尔滨工业大学,2012.

后　记

在2019年12月23日召开的全国住房和城乡建设工作会议上，住房和城乡建设部提出了2020年工作总体要求，其中把推广装配式钢结构建筑列为2020年的重点任务之一。“持续深化建筑业供给侧结构性改革，建筑业发展质量和效益不断提高。开展钢结构装配式住宅建设试点，推广新型建造方式。”“总结推广钢结构装配式等新型农房建设试点经验，提升农房品质和农村生活条件。”这一工作部署在钢结构行业引起了强烈反响，也促使科研工作者和工程建设人员将更多的目光聚焦于装配式钢结构建筑，加快了装配式钢结构建筑的研发进程。

与预制装配式混凝土结构相比，预制装配式钢结构建筑具有模块化、标准化的特点，不仅工业化程度高，而且具有抗震性能好、建筑品质高、施工周期短、综合技术经济指标高等优势。

本书以装配式钢结构研究为背景，以镶嵌复合墙板装配式钢结构为研究对象，提出镶嵌墙板与装配式钢结构的一种新型耳扣式连接方式，并对其设计流程、设计要点以及BIM应用进行了比较深入的研究。主要内容包括墙板及钢材的选择及要求；建筑设计的一般规定和要求，建筑物耐火、防腐蚀、热工等性能应满足的要求；结构设计的一般规定、结构的布置原则与结构体系、结构的各项设计指标；建筑围护系统的功能、设计内容、保温隔热措施；结构拆分设计的原则及单元构件拆分的基本方法；BIM在装配式钢结构协同设计的应用，以及关于BIM性能化设计的相关内容。最后，通过理论分析、试验研究以及案例分析，针对新型墙板连接方式下，镶嵌墙板与主体结构协同工作机理进行了深入研究。

期待本书能够给从事装配式钢结构建筑的工作者提供有益的帮助，为装配式钢结构建筑的发展推广贡献力量。